北大版留学生本科汉语教材·语言技能系列

汉语 下册
中级综合教程

Comprehensive Intermediate Chinese Course II

主　编：王　珏
编　著：姚美玲

图书在版编目(CIP)数据

汉语中级综合教程. 下册/王珏主编. —北京:北京大学出版社,2008.12
（北大版留学生本科汉语教材·语言技能系列）
ISBN 978-7-301-14582-1

Ⅰ.汉…　Ⅱ.王…　Ⅲ.汉语-对外汉语教学-教材　Ⅳ.H195.4

中国版本图书馆 CIP 数据核字(2008)第 178990 号

书　　　　名	:汉语中级综合教程　下册
著作责任者	:王　珏　主编
责任编辑	:沈　岚
封面设计	:毛　淳
标准书号	:ISBN 978-7-301-14582-1/H·2149
出版发行	:北京大学出版社
地　　　　址	:北京市海淀区成府路 205 号　100871
网　　　　址	:http://www.pup.cn
电　　　　话	:邮购部 62752015　发行部 62750672　出版部 62754962　编辑部 62752028
印刷者	:北京大学印刷厂
经销者	:新华书店
	787 毫米×1092 毫米　　16 开本　　15.25 印张　　380 千字
	2008 年 12 月第 1 版　　2008 年 12 月第 1 次印刷
印　　　　数	:0001—3000
定　　　　价	:58.00 元(含 MP3 盘 1 张)

未经许可,不得以任何方式复制或抄袭本书之部分或全部内容。
版权所有,侵权必究
举报电话:010-62752024　　电子信箱:fd@pup.pku.edu.cn

华东师范大学"985"工程二期国际合作与交流
"汉语和中国文化国际推行计划"建设成果

前言

这套教材由华东师范大学资深对外汉语教师编写,主要对象包括高等学校汉语言专业外国留学生、进修汉语的外国人、海外华人华侨以及国内少数民族学生。

与已有同类教材相比,本套教材具有以下三个突出的特点。

一、内容丰富,风格多元

丹麦语言学家奥托·叶斯柏森说:"把学习语言的人扔到语言的海洋里,他就会学得快得多!"编者深深服膺叶氏此语,并在两个方面较为忠实地贯彻了这一思想。

首先,在国家汉办 2002 年制定的《高等学校外国留学生汉语言专业教学大纲》基础上,对语法、词汇、汉字等语言项目适当进行了扩充,扩充比例大体在 5%~15% 之间。我们之所以如此大胆越纲行事,主要是考虑到与大纲制定之时相比,现在留学生汉语水平普遍有了提高,同时也考虑到留学生普遍反映原有大纲难度不大。

其次,文本内容多样,风格多元。本套教材所选文本一律为反映当今汉语的内容,并力争涉及最广泛的生活文化等内容,既紧贴多彩的现实生活,又充分尊重传统文化精华,力争做到交际化、趣味化、多样化。如各种体裁的文本均在课本里占有一定比例,也不局限于所谓名家、经典,而是广泛吸收各类精彩文章,以便学习者接触各种各样的汉语真实文本。

二、贯彻"结构—功能—文化"教学的理念

本套教材努力贯彻"结构—功能—文化"的先进教学理念,并体现为整体结构以功能为中心辐射全书。具体表现如下:

1. 每册包括若干个功能性单元,即"生活万象"、"人生感悟"、"历史文化"、"科学探秘"和"中外交流"等。

2. 每个单元紧紧围绕一个功能中心,安排若干篇课文,每篇课文内容各异、风格不一,从不同角度展示该单元的具体交际、文化功能。

3. 每课围绕一个具体功能安排课文及其注释、生词、语言点解析、练习和副课文等。

三、编写原则新颖

本套教材力争在以下原则上有新颖之处:

1. 词汇大纲、语法大纲、功能大纲以《高等学校外国留学生汉语言专业教学大纲》中的词汇表、语法项目表和功能项目表为依据,并按一定比例有所扩展。

2. 汉字以《高等学校外国留学生汉语言专业教学大纲》中规定的汉字教学项目为依据。在总体设计上,采取词汇教学与汉字教学大同步、小异步的原则,由易到难、由简到繁,注意区别汉字文化圈的学习者和非汉字文化圈的学习者在认知上的异同,分别在编排方式、顺序安排、教学要求、教学方法诸方面均各有侧重。

3. 根据学生汉语整体水平不断提高的实际情况,本着"以人为本"的教育价值观,也为了能充分反映时代特点,对大纲作适当调整和补充。

面对本教材容量大、文本形式多样等特点,教师应在教学方法上多予以注意。

第一,明确对外汉语教学与母语文教学之间的不同,做到既重视语言基本功的训练,又注重言语交际能力的培养。注意精讲多练,方法多样,认真贯彻语言教学的实践性、交际性要求,正确处理听、说、读、写的能力之间的合理关系。

第二，尽量使用汉语授课，强化学生的语感，并安排较大数量、较多形式的汉语交际实习活动和社会实践活动，如根据教学中的具体内容组织学生参观、访问和进行社会调查等，课堂上多安排不同形式的分组模拟性语言交际活动。

第三，充分利用网络资源、多媒体教学条件，制作一些相应的课件，增强学生对汉语的视听感受，帮助学生加深对教材的理解。有条件的还可以编写适量的网上练习，加强学生与真实社会和虚拟社会之间的互动与交流。

第四，注意介绍中华民族的传统文化，帮助学生了解汉语里的中国，并注意不同民族之间的文化价值观的异同，做到有的放矢。注意学生对汉语、汉文化的可接受性，采用启发式、讨论式、实践式相结合的教学方法，积极调动学生的学习积极性和创造能力。

本教材所选的文本，根据教学需要做了或大或小的改动，除向各位作者致谢以外，特此说明。

编写组全体同仁热忱欢迎本套教材的使用者提出建议和批评，让我们一起努力，使她臻于完善，成为您学习汉语的最好帮手和知心朋友。

编　者

目 录

第一单元　人生启迪篇

第 一 课　终极之爱 ………………………………………… 3

第 二 课　贺母寿 …………………………………………… 16

第 三 课　翻过那堵墙 ……………………………………… 27

第 四 课　五香凤尾鱼 ……………………………………… 41

第二单元　生活万象篇

第 五 课　我被富人堵在家里 ……………………………… 57

第 六 课　父母陪睡何时了 ………………………………… 69

第 七 课　65岁学开车——我最开心的事 ………………… 82

第 八 课　一地幸福的鸡毛 ………………………………… 94

第三单元　历史文化篇

第 九 课　乔家大院 ………………………………………… 109

第 十 课　温馨的贺年红包 ………………………………… 120

第十一课　高岭土的传说 …………………………………… 130

第十二课　八仙传说 ………………………………………… 140

I

第四单元　现代科技篇

第十三课　动物带来的高科技 …………………………… 155

第十四课　器官移植和细胞记忆 ………………………… 167

第五单元　中外交流篇

第十五课　话说多音字 …………………………………… 181

第十六课　京剧走进美国校园 …………………………… 191

第十七课　国际SOS救援随时待命出发 ………………… 205

第十八课　细节产生效益 ………………………………… 217

生词总表 ……………………………………………………… 228

第一单元
人生启迪篇

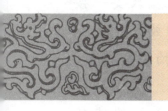

第一课 终极之爱

婆婆是静悄悄地离开这个世界的。开始只是说有点儿肺炎，住了一个星期医院，好了，出院回家。第二天到我们下班回家时，她躺在床上，没有任何挣扎与痛苦，安详地闭上了眼睛。

看不出公公有什么大悲大恸的反应，却知道婆婆的去世对公公打击一定很大，因为自此以后很少见到公公笑，甚至说话。

按广东的习惯，亲人死后，遗像是不放在家里的，但公公执意要把婆婆的遗像放在客厅向阳的地方，而且一定要面向珠江河。之后，早上、中午、晚上，每顿饭前，公公必做的功课就是给婆婆点一支上好的檀香。

常常是一家人坐好了，饭菜齐了，公公却站起来，颤抖着离开餐台。我们大声问："去哪里？干什么？"

公公耳朵很背，一点儿反应都没有，但一定会边走边自言自语："你们妈妈还没有吃饭哩。"于是程序式地去搬一张日字型的小方凳，站在凳上，恭恭敬敬给婆婆上香。

有一次，公公得了肺炎高烧至半昏迷，送到医院打吊针，直到深夜才回家。安顿好公公睡觉后，我疲惫不堪地倒在床上。迷糊中，我听到客厅有声音，就爬起来，打开房间门，被眼前的情景吓呆了：公公站在日字型的小方凳上，给婆婆上香。那张日字型的小方凳晃晃悠悠，150多斤体重的80余岁的老公公站在上面，就像要杂技踩球一样，我不顾一切冲上去，抓住公公，扶着他点完那支香。

公公喃喃地说："我出去一天了，你妈还没吃饭哩……"第二天，我头一遭跑了祭品专卖店，买了一对电香灯回来。只要一按开关，电香灯便亮起来，视觉上与点的檀香有一样的效果。我花了很多时间说服公公，电香与檀香一样，婆婆一定会怕公公摔倒，宁肯要电香而不要檀香。

我相信世间有超现实的力量和奇迹，是因为公公与婆婆的事情。

公公自婆婆去世后，老年痴呆症便一天比一天地严重。不知日夜，不知冷暖，甚至不知饥饱。时常吃了三碗饭还要吃第四碗、第五碗，直到呕吐为止。最头痛的是他时常把晚上当白天，夜深人静时他就起床，不停地在家中走动，翻东西，嚷着要开门出去逛街喝早茶。

受害最大的是我女儿，她正准备考高中，功课很紧，考试很多，晚上睡不了觉，白天上学就打瞌睡。

我不断给公公"上课"，告诉他现在是深夜2点、3点，不可能出门，不可能逛街。但一切劝告都无效。

一天晚上，女儿又被公公吵醒，她站在奶奶的遗像前哭诉："奶奶，您快管管爷爷，他天天晚上闹，我睡不了觉，上学很辛苦，我要考试了，奶奶，您一定要帮我。"

奇迹就在那一刹那间出现，耳朵差不多全聋的公公是不可能听到孙女的哭诉的，但他却一下子安静下来，一声不吭地回房间睡觉，一夜平安。

第二天女儿在奶奶的遗像前摆了两个硕大的新奇士橙，那是奶奶生前最喜欢吃的。

女儿说："谢谢奶奶！奶奶您真行，即使在天之灵，也可让爷爷听话！"

更不可思议的是近几年，88岁高龄的老公公，老年痴呆病已到了连亲生儿子都不认识的地步了。公公每次见到我的丈夫他的儿子，都坚定不移地认为，那是他的弟弟。为了证实那不是弟弟而是儿子，我特意拿出户口本，指着上面的字：李××，与户主关系：父子。

公公接过户口本，颠来倒去看半天，一拍大腿感慨人生："糟糕！这年头怎么搞的？连派出所都有错，户口本都有错，明明是弟弟，怎么成了儿子呢？"

但是，无论公公怎么糊涂，有一件事他永远不会糊涂，问他："郑彩其是谁？"

答："我的女人，我的老婆。"

问："你的老婆叫什么名字？"

答："郑彩其。"

又到清明扫墓时，公公老得连坐轮椅的力气都没有了，就像一棵老树，最后连自己的叶子都撑不起来了。因此，公公再不能像过去那样去墓前拜祭婆婆。

我去。我替公公好好地拜祭婆婆。

在婆婆的坟前，我默默地把公公爱婆婆的故事，点点滴滴细细诉说。

公公与婆婆，贫贱夫妻，为柴米油盐劳碌奔波一生一世。

没有名车、别墅，没有蜜月旅行，没有花前月下，没有罗曼蒂克，可公公给予婆婆的是人世间最实实在在的东西，平平淡淡，细水长流，永不停息。那种点点滴滴却又是实实在在的东西，融入每个细胞，注进每根骨髓，年岁淡不去，阴阳隔不断，始终如一，终极之爱。

（据蔡玉明《终极之爱》，《北京文学》2002年第10期）

生词

1. 静悄悄 jìngqiāoqiāo （形）形容非常安静没有声响。例如："夜深了，四周静悄悄的。"
2. 肺炎 fèiyán （名）肺部发炎的病，由细菌、病毒等引起，症状是发高热、咳嗽、胸痛、呼吸困难等。例如："感冒时，一定要小心，以免引发肺炎。"
3. 躺 tǎng （动）身体倒在地上或其他物体上。例如："他躺在地上睡着了。"
4. 挣扎 zhēngzhá （动）用力支撑。例如："他挣扎着从病床上爬了起来。"
5. 安详 ānxiáng （形）从容不迫。例如："老人安详地坐在椅子上。"
6. 打击 dǎjī （动）攻击；使受挫折。例如："不要打击大家的积极性。"
7. 遗像 yíxiàng （名）死者生前的相片或画像。例如："遗像一般总是挂在灵堂的正中间。"
8. 执意 zhíyì （副）坚持自己的意见。例如："他执意要求去北京，谁也拦不住。"
9. 功课 gōngkè （名）学生按照规定学习的知识、技能。课文里比喻每天必做的事。例如："他在学校里每门功课都很好。"
10. 背 bèi （形）听力不好；听觉不灵。例如："人老了，耳朵就有点儿背。"
11. 自言自语 zì yán zì yǔ 自己跟自己说话；独自低声说话。例如："老年人常常会自言自语，不知说些什么。"
12. 程序 chéngxù （名）事情进行的先后次序。例如："会议程序已经安排好了。"
13. 恭恭敬敬 gōnggōngjìngjìng （形）对尊长或宾客严肃有礼貌。例如："学生对老师总是恭恭敬敬的。"

14. 打吊针 dǎ diàozhēn 利用输液装置把葡萄糖溶液、生理盐水等通过静脉输入病人体内。例如:"护士经常为病人注射、打吊针。"

15. 安顿 āndùn (动)安排妥当。例如:"妈妈安顿好家里的事情又赶去上班了。"

16. 疲惫 píbèi (形)非常疲乏。例如:"爬到泰山顶,大家都疲惫不堪了。"

17. 迷糊 míhu (形)神志或眼睛模糊不清。例如:"病人有时清楚,有时迷糊。"

18. 晃晃悠悠 huànghuàngyōuyōu (动)两边摆动。例如:"老太太晃晃悠悠地走来。"

19. 不顾 búgù (动)不考虑。例如:"他不顾一切跳到河里,把孩子救了上来。"

20. 喃喃 nánnán (拟声词)连续不断地小声说话的声音。例如:"回答问题一定要大声,不要喃喃自语。"

21. 遭 zāo (量)回;次。例如:"一个人出远门,我还是头一遭。"

22. 视觉 shìjué (名)物体的影像刺激视网膜所产生的感觉。例如:"春天的景色给人视觉效果很好。"

23. 效果 xiàoguǒ (名)由某种力量、做法产生的结果。例如:"用多媒体手段进行教学,效果会好得多。"

24. 痴呆 chīdāi (形)傻。例如:"经过那次事故,他有点痴呆了。"

25. 呕吐 ǒutù (动)膈肌、腹肌突然收缩,胃内食物被压迫经食管、口腔而排出体外。例如:"由于吃了不干净的东西,他一直在呕吐。"

26. 嚷 rǎng (动)吵闹。例如:"嚷也没用,还是想办法解决问题吧。"

27. 一刹那 yíchànà (名)极短的时间。例如:"水管破裂后,一刹那间,水就流满了大街。"

28. 硕大 shuòdà (形)非常大。例如:"这孩子个子不高却有一个硕大的脑袋。"

29. 不可思议 bù kě sīyì 不可想象,不可能理解。例如:"他居然考了100分,简直不可思议。"

30. 地步 dìbù （名）处境；景况（多指不好的）。例如："真没想到事情会搞到这个地步。"
31. 颠来倒去 diān lái dǎo qù 翻过来倒过去。例如："一件事情颠来倒去说了好几遍，太无趣了。"
32. 感慨 gǎnkǎi （动） 有所感触而感叹。例如："两岸春节通航后，大家感慨万千。"
33. 扫墓 sǎo mù （离）在墓地祭奠、培土、打扫。例如："每到清明节，大家都要去扫墓，缅怀故去的亲人。"
34. 劳碌 láolù （形）事情多而辛苦。例如："农民劳碌了一年，终于看到了收获。"

语言点

（一）一点

数量词，表示很小或很少。可以重叠为"一点点"，表示很小或很少。例如：

(1) 公公耳朵很背，一点儿反应都没有。
(2) 几年过去了，他的毛病一点都没改。
(3) 一点点委屈他都受不了，这怎么行啊。

（二）宁肯

副词，表比较利害得失之后选取一种做法。同"宁愿"、"宁可"，多和"也不"、"而不"相呼应。例如：

(1) 婆婆宁肯要电香，而不要檀香。
(2) 他宁肯自己吃亏，也不愿亏了别人。

（三）怎么

疑问代词，询问性质、状况、方式、原因等。例如：

（1）糟糕！这年头怎么搞的？连派出所都有错，户口本都有错，明明是弟弟，怎么成了儿子呢？

（2）工厂的效益怎么才能好起来呢？

（四）连

介词。表示强调某一词或某一词组，"连……"后用"也、都、还"等呼应。例如：

（1）又到清明扫墓时，公公老得连坐轮椅的力气都没有了，就像一棵老树，最后连自己的叶子都撑不起来了。

（2）他连下棋也不会。

练习

一、熟读并抄写下列词语

安详	打击	执意	昏迷	安顿
痴呆	逛街	奇迹	地步	特意
疲惫不堪	自言自语	一声不吭	不可思议	

二、解释下列句子中的加点词语

1. 婆婆是静悄悄地离开这个世界的。

2. 第二天到我们下班回家时，她躺在床上，没有任何挣扎与痛苦，安详地闭上了眼睛。

3. 按广东的习惯，亲人死后，遗像是不放在家里的，但公公执意要把婆婆的遗像放在客厅向阳的地方，而且一定要面向珠江河。

4. 之后，早上、中午、晚上，每顿饭前公公必做的功课，就是给婆婆点一支上好的檀香。

5. 公公耳朵很背，一点儿反应都没有。

6. 安顿好公公睡觉后，我疲惫不堪地倒在床上。

7. 公公站在日字型的小方凳上，给婆婆上香，那张日字型的小方凳晃晃悠悠，150多斤体重的80余岁的老公公站在上面，就像要杂技踩球一样，我不顾一切冲上去，抓住公公，扶着他点完那支香。

8. 我不断给公公"上课"，告诉他现在是深夜2点、3点，不可能出门，不可能逛街。

9. 更不可思议的是近几年，88岁高龄的老公公，老年痴呆病已到了连亲生儿子都不认识的地步了。

10. 公公接过户口本，颠来倒去看半天，一拍大腿感慨人生："糟糕！这年头怎么搞的？连派出所都有错，户口本都有错，明明是弟弟，怎么成了儿子呢？"

11. 又到清明扫墓时，公公老得连坐轮椅的力气都没有了，就像一棵老树，最后连自己的叶子都撑不起来了。

12. 公公与婆婆，贫贱夫妻，为柴米油盐劳碌奔波一生一世。

三、根据课文内容选词填空

| 得 | 地 | 的 |

1. 婆婆是静悄悄_____离开这个世界_____。

2. 之后，早、午、晚，每顿饭前，公公必做_____功课，就是给婆婆点一支上好的檀香。

3. 公公自婆婆去世后，老年痴呆症便一天比一天_____严重。不知日夜，不知冷暖，甚至不知饥饱。

4. 公公每次见到我的丈夫他的儿子，都坚定不移_____认为，那是他的弟弟。

5. 又到清明扫墓时，公公老_____连坐轮椅的力气都没有了，就像一棵老树，最后连自己的叶子都撑不起来了。

6. 我替公公好好_____拜祭婆婆。

7. 在婆婆的坟前，我默默_____把公公爱婆婆的故事，点点滴滴细细诉说。

四、选择适当的词语填空

反应　　反映

1. 向老师_____同学的意见和要求。
2. 药物引起了不良_____。

只有　　只要

3. _____吃了药，感冒就会好的。
4. _____带学生证，才可以进去。

安祥　　安静

5. 老人_____地坐在椅子上。
6. 病人需要_____。

证明　　证实

7. 请帮我开个_____。
8. 请到管理处来一下，_____那天你不在场。

诉说　　诉苦

9. 他在信中向父母_____着对旅游的热爱。
10. 向别人_____是一种很好的发泄方法。

停息　　停留

11. 雨一_____，大家立即赶路。
12. 代表团在北京_____了一周。

五、完成下列短语

1. 给下列动词填上搭配的名词

住（　　）出（　　）　　回（　　）下（　　）
打（　　）逛（　　）　　上（　　）扫（　　）

2. 用 AABB 式扩展下列词语

例如：冷清　　冷冷清清

颤抖　　恭敬　　迷糊　　晃悠
实在　　平淡　　真假　　点滴

六、运用下列句子中的加点结构造句

1. 因为自此以后，很少见到公公笑，甚至说话。
2. 公公耳朵很背，一点儿反应都没有。
3. 我爬起来，打开房间门，被眼前的情景吓呆了。
4. 只要一按开关，电香灯便亮起来，视觉上与点的檀香有一样的效果。
5. 我花了很多时间说服公公，电香与檀香一样，婆婆一定会怕公公摔倒，宁肯要电香而不要檀香。
6. 公公自婆婆去世后，老年痴呆症便一天比一天地严重。
7. 更不可思议的是近几年，88岁高龄的老公公，老年痴呆病已到了连亲生儿子都不认识的地步了。

七、根据课文内容，选择正确答案

1. 婆婆死后，每顿饭前，公公必做的功课是什么？（　　）

   A. 把婆婆的遗像放在客厅向阳的地方，而且一定要面向珠江河
   B. 吃了三碗饭还要吃第四碗、第五碗，直到呕吐为止
   C. 给婆婆点一支上好的檀香
   D. 不停地在家中走动，翻东西，嚷着要开门出去逛街喝早茶

2. "无论公公怎么糊涂，有一件事他永远不会糊涂。""一件事"指的是?（　　）
  A. 认识亲生儿子   B. 说出婆婆的名字
  C. 清明节扫墓   D. 给婆婆上香

3. 公公给予婆婆的是什么?（　　）
  A. 名车   B. 别墅
  C. 罗曼蒂克   D. 柴米油盐等实在的东西

4. 为什么说公公与婆婆的爱是"终极之爱"？下列表述哪个正确？（　　）
  A. 他们的感情是年岁淡不去的
  B. 即使婆婆去世了，公公依然爱她
  C. 公公对婆婆的感情是始终如一的
  D. 公公与婆婆的爱是世界上最伟大的爱

5. "公公耳朵很背，一点反应都没有。"下列选项中哪个与该句"背"读音不同？（　　）
  A. 背面   B. 背心
  C. 背包   D. 背诵

八、请以"公公在婆婆死后"为题复述课文

九、作文：运用下列词语，写一个小故事（字数要求：150字以上）

爸爸，妈妈，贫贱夫妻，名车，别墅，蜜月旅行，花前月下，罗曼蒂克，实实在在，真真实实，始终如一……

十、阅读成语故事，说说它的大意

相濡以沫

"濡"是打湿的意思，沫就是唾沫，说白了就是口水，相濡以

沫的本意就是相互用口水把对方打湿。《庄子·大宗师》说:"泉涸,鱼双与予处于陆,相濡以沫,不如相忘于江湖。"意思是说泉水干涸了,鱼们靠在一起用唾沫相互湿润,以渡难关。比喻在困难中以微小的力量互相帮助。更多的是用来比喻夫妻情感状态,尤其是老年夫妻的情感状态。例如张贤亮《灵与肉》:"那里有他相濡以沫的妻子和女儿。"

副课文

老年性痴呆的饮食调理

(1) 减少铝的摄入

在老年性痴呆患者中,脑内神经细胞所含铝比正常人多4倍。在以震颤及智力衰退为主要表现的帕金森氏综合症和肾脏透析性痴呆等疾病患者的神经细胞中,都含有异常高的铝,而正常的神经细胞都不含铝。这证明神经系统的衰老变性与铝有关。

人体所含的铝主要来自水和食物。科学家认为,目前世界上三个帕金森氏综合症发病率高的地区,主要是当地土壤和水源含铝特别多,因而导致居民摄入的铝大量增加。此外,造成食物大量含铝,还和铝制厨具、餐具有关。要减少铝的摄入,首先要净化饮用水的水质。明矾是传统的净水剂,但明矾中含有铝。故明矾净化的水不宜长期饮用。油条中含有明矾,故油条也不宜常吃。厨具、餐具最好不用铝制品。

(2) 多吃蛋黄

胆碱是神经系统的介质,神经系统的各种信息依靠这种介质传递。胆碱的主要原料来源于卵磷脂,而蛋黄中含有丰富的卵磷脂。胆碱流入血液中,有利于神经元之间的信息传递,增强记忆力。

研究表明,有控制地供给足够的营养胆碱,对改善老年性痴呆有一定作用。

此外，中老年脑力劳动者，平时也适当吃些含卵磷脂较多的鱼类、豆制品等食物。

（资料来源：http://www.sp120.com，有改动）

（一）解释加点词语

1. 老年性痴呆的饮食调理。
2. 减少铝的摄入。
3. 在老年性痴呆患者中，脑内神经细胞所含铝比正常人多4倍。
4. 在以震颤及智力衰退为主要表现的帕金森氏综合症和肾脏透析性痴呆等疾病患者的神经细胞中，都含有异常高的铝。
5. 要减少铝的摄入，首先要净化饮用水的水质。
6. 明矾是传统的净水剂，但明矾中含有铝。故明矾净化的水不宜长期饮用。
7. 胆碱流入血液中，有利于神经元之间的信息传递，增强记忆力。
8. 研究表明，有控制地供给足够的营养胆碱，对改善老年性痴呆有一定作用。

（二）回答问题

1. 人为什么会得痴呆症？
2. 人体所含的铝主要来自什么？
3. 老年人为什么要多吃蛋黄？
4. 哪些食物含卵磷脂较多？
5. 老年性痴呆患者，需要如何调理饮食？

第二课　贺母寿

父亲过世后,我把母亲从乡下接到西安,和我一块儿住在西北大学的房子里。我平日忙,没时间陪她,她很快就结识了另外一些老太太。大学里有一大批老太太,都是从乡下来的,情况大致和我母亲一样,老伴死了,就同当教师的儿女生活。她们没有文化,不能在家安静地读书听音乐,常聚坐在校门内的喷水池台上聊天。我让她们不要老坐在那里,因为这是大学校门口,不是村头的老槐树下也不是公园。她们听取了我的建议,以后是一日三次结队在校园内转悠。她们的长相、说话和衣着相差无几,而且横排着走,我笑着说:又视察啊?

除了转悠和聊天,母亲最大的乐趣就是在家做饭。母亲做的饭菜我爱吃。但母亲永远是怕我饿着,每顿总是让我多吃。她知道我差不多吃过一碗的时候就放下了,便特意从街上买了三个大碗,每次盛饭都盛到特别满。

有一年的夏天,我生了病,母亲熬煎了几日。有一天从学校的花园里偷偷折了一根桃树条,拿回来压在我的枕下,说能避邪。我看着母亲,突然发觉她的头发开始灰白了,我要把白发拔下来,母亲说:六十五岁的人能没白头发?我才知道母亲六十五岁了。父亲在世时,母亲从不让给她过寿的,我就不大清楚她到底多大岁数,知道生日是阴历七月,却不知道具体是哪一天。母亲说:"是二十八,初八十八不算八,二十八是个福疙瘩!"母亲说的是乡谣,说得一脸的得意。我就决定,从这一年起一定要给母亲过寿。

第二课 贺母寿

七十岁以前的生日，我是通知弟弟妹妹都从县上赶来，头一天晚上吃顿长寿面，第二天再上饭馆聚餐，各人给母亲磕头，买些衣服和首饰罢了。到了七十大寿，原本还是一家人或一些亲戚来聚一聚，没料被一些朋友知道，说要给老太太热闹热闹，于是就在一个大餐厅摆了六七桌，祝寿全场布置得很有气氛。母亲那一天很快乐，但嫌太花哨，又嫌打扰我的那帮朋友，说以后不要过寿了，到了八十岁了再说。过了七十岁大寿，朋友们都知道老太太的生日了，一到阴历七月，就嚷道着今年在哪儿过寿？母亲说："要过也行，但不能人多。"我一直控制着人数，就那么四桌五桌。人数不多，却讲究祝寿的地方，前几日就满城跑着看什么饭店名字好，先是在"高老庄舍"，再是在"文豪食府"，又在"福临酒家"。到了前年，得知城南有个"长宁宫"，去举办了一次，去年又到城东一家"万年饭店"举办了一次。到了今年，母亲生了一场大病，手术后一个多月又是七月了，寻来寻去，寻不着一个名字吉祥的饭店，急得让朋友们分头打听。后来好了，有一个"悦洋饭店"里的大餐厅叫"万寿"，母亲七十七岁的生日就在那儿过的。给母亲过寿，亲戚朋友们都会送礼品的，我是每次要写个红"寿"字，或是用大条幅写上一段祝母亲健康快乐的话。今年母亲坚强地度过了难关，我该送给她些什么呢？当一帮朋友来我家商量过寿的事，商量完了在客厅玩牌，我突然有了灵感，钻进书房就画起了一张画。

这幅给母亲的画画得极其快，画好了连我也吃惊，认为是数年里画得最好的一幅。我想，这一定是天意，是母亲的功德，是神灵附了我的体。

（据贾平凹《贾平凹语画》，山东友谊出版社，2004年）

生词

1. 过世　guòshì　（动）去世。例如："爷爷去年因病过世了。"
2. 结识　jiéshí　（动）跟人相识并往来。例如："这次会议，我们结识了许多国际朋友。"
3. 大致　dàzhì　大体上。例如："大家的学习情况大致相同。"
4. 喷　pēn　（动）（液体、气体、粉末等）受压力而射出。例如："喷壶里的水一下子喷了出来。"
5. 听取　tīngqǔ　（动）听（意见、反映、汇报）。例如："虚心听取大家的意见，事情才能办得更好。"
6. 转悠　zhuànyou　（动）漫步；无目的地闲逛。例如："许多老人早上一起来，就去公园里转悠。"
7. 长相　zhǎngxiàng　（名）相貌。例如："演员们的长相一般都很漂亮。"
8. 衣着　yīzhuó　（名）指身上的穿戴，包括衣服、鞋、袜、帽子等。例如："从衣着看，他更像个商人。"
9. 视察　shìchá　（动）察看。例如："教育部经常有人来我们学校视察。"
10. 乐趣　lèqù　（名）使人感到快乐的意味。例如："工作中的乐趣是无穷的。"
11. 顿　dùn　（量）用于吃饭、劝说、打骂等行为的次数。例如："食堂每天有三顿饭。"
12. 盛　chéng　（动）把东西放在器具里。例如："杯子里盛满了水。"
13. 熬煎　áojiān　（动）痛苦；折磨。例如："明天就要考试了，今天还要再熬煎一天。"
14. 折　zhé　（动）断，弄断。例如："小心点！不要把笔尖折断了。"
15. 避邪　bì xié　（离）迷信的人用符咒等办法避免邪祟。例如："过年了，人们喜欢在大门口贴上门神用来避邪。"

16. 得意　déyì　（形）感到非常满意。例如："当上了班长,他感到非常得意。"

17. 磕头　kē tóu　（离）旧时的礼节,跪在地上,两手扶地,头接近地或着地。例如："现在有些落后边远地区,过年时晚辈还要给长辈磕头。"

18. 气氛　qìfēn　（名）一定环境中给人某种强烈感觉的精神表现或景象。例如："会场上充满了友好的气氛。"

19. 花哨　huāshao　（形）花样多;变化多。例如："电视上的广告越来越花哨。"

20. 寻　xún　（动）找。例如："火车站经常有寻人启事的小广告。"

21. 灵感　línggǎn　（名）在文学、艺术、科学、技术等活动中,突然产生的富有创造性的思路。例如："在艺术活动中,灵感往往是最重要的。"

22. 天意　tiānyì　（名）上天的旨意。例如："分别三十年后,竟然在上海见到了我的朋友,这真是天意啊。"

23. 神灵　shénlíng　（名）神的总称。例如："美丽的雪山上可能有许多神灵居住。"

24. 附　fù　（动）依从;依附。例如："我把作业附在练习册后面交给了老师。"

语言点

（一）老

副词,一直;再三。例如:

(1) 老给您添麻烦,真过意不去。

(2) 海边的空气老这么新鲜。

(3) 这屋子老不住人,有点儿脏。

(二) 除了

1. 介词，表示不计算在内。跟名、动、形和下句组合，后面可加"外、以外、之外、而外"。"除了"可用在主语前，有停顿。例如：
   (1) 除了花销大，上海是个很不错的城市。
   (2) 除了稍小一点以外，这套房间还不错。

2. 排除特殊，强调一致。后面常用"都、全"等呼应。例如：
   (1) 除了转悠和聊天，母亲最大的乐趣就是在家做饭。
   (2) 除了老王，我都通知到了。

3. 后面用"不"、"没（有）"，强调唯一的事物或动作。例如：
   (1) 除了小张，没人来过。

4. 排除已知，补充其他。后面常用"还、也"等呼应。例如：
   (1) 这儿会说英语的，除了他还有两个人。

(三) 再说

表示留待以后办理或考虑。例如：
   (1) 这件事情，放一放再说。
   (2) 旅游的事情，要过了考试再说。

练习

一、熟读并抄写下列词语

| 结识 | 大致 | 聊天 | 转悠 | 长相 | 视察 |
| 特意 | 盛饭 | 熬煎 | 避邪 | 过寿 | 得意 |

聚餐　　　布置　　　气氛　　　控制　　　坚强　　　灵感

二、解释下列句子中的加点词语

1. 父亲过世后，我把母亲从乡下接到西安，和我一块住在西北大学的房子里。
2. 我平日忙，没时间陪她，她很快就结识了另外一些老太太。
3. 我让她们不要老坐在那里，因为这是大学校门口，不是村头的老槐树下也不是公园。
4. 她们听取了我的建议，以后是一日三次结队在校园内转悠。
5. 有一年的夏天，我生了病，母亲熬煎了几日。
6. 有一天从学校的花园里偷偷折了一根桃树条，拿回来压在我的枕下，说能避邪。
7. 父亲在世时，母亲从不让给她过寿的，我就不大清楚她到底多大岁数，知道生日是阴历七月，却不知道具体是哪一天。
8. 人数不多，却讲究祝寿的地方。
9. 寻来寻去，寻不着一个吉祥名的饭店，急得让朋友们分头打听。
10. 我想，这一定是天意，是母亲的功德，是神灵附了我体的。

三、写出下列词语的同义词或反义词

1. 写出下列词语的同义词

结识_____　　大致_____　　建议_____　　长相_____
视察_____　　熬煎_____　　特意_____　　过世_____
打听_____　　转悠_____

2. 写出下列词语的反义词

得意_____　　热闹_____　　花哨_____　　坚强_____
在世_____　　快乐_____　　健康_____　　饿_____
善良_____　　具体_____

四、完成下列短语

1. 在下列名词前填上量词

一（　　）老太太　　每（　　）饭　　一（　　）桃树条

一（　　）大病　　一（　　）画

2. 给下列词语填上适当动词

（　　）书　　（　　）音乐　　（　　）饭　　（　　）餐

（　　）生日　　（　　）寿　　（　　）事情　　（　　）难关

五、运用下列句子中的加点结构造句

1. 父亲过世后，我<u>把</u>母亲<u>从</u>乡下接到西安，和我一块住在西北大学的房子里。

2. 我让她们不要老坐在那里，因为<u>这是</u>大学校门口，<u>不是</u>村头的老槐树下也不是公园。

3. <u>除了</u>转悠和聊天，母亲最大的乐趣就是在家做饭。

4. 母亲说：六十五岁的人能没白头发？我<u>才</u>知道母亲六十五岁了。

5. 母亲那一天很快乐，但<u>嫌</u>太花哨，又<u>嫌</u>打扰我的那帮朋友，说以后不要过寿了，到了八十岁了再说。

6. 要过<u>也行</u>，但不能人多。

7. 这幅给母亲的画画<u>得</u>极其快，画好了连我也吃惊，认为是数年里画得最好的一幅。

六、根据课文内容，选择正确的答案

1. 文中"母亲"最大的乐趣是什么？（　　）

　　A. 坐在校门内的喷水池台上聊天　　B. 在家做饭

　　C. 孩子们为她过寿　　D. 看儿子画画

2. "初八十八不算八,二十八是个福疙瘩!"这是?(　　)
   A. 谚语　　　　　　　　　　　B. 成语
   C. 乡谣　　　　　　　　　　　D. 俗语

3. "母亲"七十岁以前的生日是怎么过的?下列哪项不是?(　　)
   A. 头一天晚上吃顿长寿面
   B. 第二天再上饭馆聚餐,给母亲磕头
   C. 给母亲买些衣服和首饰
   D. 大摆桌席,亲戚朋友一起庆祝

4. 下列词语中,与"热闹热闹"结构相同的是?(　　)
   A. 傻乎乎　　　　　　　　　　B. 高高兴兴
   C. 安静安静　　　　　　　　　D. 吞吞吐吐

5. 下列表述,哪一项与祝寿有关?(　　)
   A. 祝愿你们白头偕老,比翼双飞
   B. 祝您福如东海,寿比南山
   C. 山无棱,天地合,乃敢与君绝
   D. 恭喜发财

七、根据课文回答问题

1. 母亲是个什么样的人?
2. "我"是如何表达对母亲的爱?
3. "大学里有一大批老太太,都是从乡下来的,情况大致和我母亲一样","情况"是指什么样的情况?
4. 作者为什么要给母亲过寿?
5. 给母亲祝寿的饭店有哪些?这些店名有什么特点?
6. 母亲生日的时候你会做什么?

八、请以"母亲的生日"为题复述课文

九、作文：运用下列词语，写一个小故事（字数要求：150字以上）

　　生日，感谢，母爱，儿子，聚餐，礼物，祝福，满意，气氛，欢欢喜喜……

十、祝寿的俗语

　　祝寿最常用的俗语有"福如东海"、"寿比南山"、"长命百岁"、"福星高照"、"洪福齐天"、"福寿绵绵"、"福禄双全"等等。
　　你还知道哪些祝寿语？

副课文

祝　寿

　　为长辈庆祝生日叫过寿，六十九岁过七十大寿，俗称整寿。祝寿的人主要是子女和晚辈至亲，近邻厚友也前来祝贺。整寿礼有寿幛、寿衣、寿人（糕点）、寿桃（面蒸）等，一般过寿只有寿人、寿桃。

　　商洛人对生辰甚为重视。婴儿有看三天、过十天、过满月、过百天、过周岁。中年人讲究过三十六、四十九，俗称"门槛子"。到这一天，家人用红布做成红裤带系在腰间，或用红布做成内衣穿上，意在消灾灭难；老年人讲究过六十大寿、七十大寿，表示祝贺。还有过七十三、八十四大寿的。主要因为孔子活了七十三、孟子活了八十四，认为这两个年龄是老年人的门槛子，大庆大贺，以免灾避难。一般民间做寿，七十岁为"大寿"、八十为"上寿"、九十岁为"老寿"、百岁为"期颐"，都盛大祝贺。亲朋好友送来贺礼，并一面喝酒一面看戏，戏的内容以富贵长寿为主。做寿老人（50岁以上）诞辰日的庆祝活动，逢十称大寿，如"五十大寿"、"六十大寿"、"七十大寿"等。做大寿前要向至亲好友发请柬，发放日期一般在祝寿的前三日，否则为失礼。拜寿也称"祝寿"。老人过寿时，亲朋好友前来祝贺。礼物多为寿桃、寿面、布匹及带寿字的糕点。

坎儿年指人到年老时寿命上的关口，北京有句老话："三十三大拐转，六十六不死掉块肉，七十三、八十四阎王不叫自己去。"又"人活五十五，阎王数一数。"33、55、66、73、84都为坎儿年。人们认为，人活到这个岁数如果度得好便能长寿。人们为了长寿，所以在坎儿年备加小心，并想办法"破解"以图长寿。常用的办法是系红布腰带，传说红色可以避邪消灾。老北京还有在本命年和60岁以后系红布腰带的习俗。

（资料来源：http://zhidao.baidu.com/question/5534681.html，有改动）

（一）解释加点词语

1. 为长辈庆祝生日叫过寿，六十九岁过七十大寿，俗称整寿。

2. 商洛人对生辰甚为重视。婴儿有看三天、过十天、过满月、过百天、过周岁。

3. 中年人讲究过三十六、四十九，俗称"门槛子"。

4. 主要因为孔子活了七十三、孟子活了八十四，认为这两个年龄是老年人的门槛子，大庆大贺，以免灾避难。

5. 做寿老人（50岁以上）诞辰日的庆祝活动，逢十称大寿，如"五十大寿"、"六十大寿"、"七十大寿"等。

6. 做大寿前要向至亲好友发请柬，发放日期一般在祝寿的前三日，否则为失礼。

7. 坎儿年指人到年老时寿命上的关口，北京有句老话："三十三大拐转，六十六不死掉块肉，七十三、八十四阎王不叫自己去。"

8. 老北京还有在本命年和60岁以后系红布腰带的习俗。

（二）回答问题

1. 过寿的礼物一般有哪些？
2. 为什么要"庆九不庆十"？
3. 坎儿年是什么意思？
4. 人们常用的避邪消灾的办法是什么？

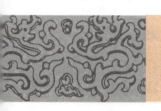

第三课　翻过那堵墙

我小的时候，老屋的院子里有一颗李子树，每年结果成熟后，母亲摘了它们到集市上去卖，换回一些油盐钱。那时候，我只有七八岁，特别嘴馋，因而父亲就把院门锁上，防止我们去偷。而我常常盯着高墙围住的李树挪不动步，李子的香味实在诱人。我多次请求父亲打开院门，可他每次总是摇手。

有一天傍晚，我围着父亲忽前忽后，一遍又一遍求父亲给我摘几个李子。父亲打量了我好久，才指着高高的院墙对我说："想吃李子？你就翻过那堵墙，自己去摘。"

我立即欢喜地跑到墙根儿，跳起来试了试，墙太高过不去。我乞求地望着父亲。父亲则一边摇着头，一边向四周巡视。见状，我灵机一动，找来几块砖垫在脚下，使劲向上窜，还是上不去。我又寻来一块木墩子搭在砖上，谁知，刚一踏上脚，"哗啦"一下，木橔倒了，我也栽了个跟头。喘着粗气，带着委屈的泪水，我眼巴巴地望着父亲。父亲却不理我，只顾嘿嘿地笑，还是说道："翻过那堵墙去。"我急了，挣扎着爬起来，飞快跑进屋，搬出一张椅子，垫上几块砖。"噌噌"地爬上了墙头。蹲在墙顶，我浑身发抖，不敢往下跳。这时，母亲惊慌地向我跑来了，父亲却拉住母亲，大声向我喊："没事！没事！跳！向下跳。"在父亲的鼓励下，我"咚"地跳下去，又飞快地爬上树，摘到了渴望已久的李子。在我吃够出来时，父亲轻轻抚摸着我的头，一字一顿地说："孩子，记住！你翻过那堵墙，就吃到了李子。好样的！"当时不懂父亲这句话的意思，我只觉得既吃了李子，又受到了表扬，心里乐滋滋的。

不知不觉到了高三，那时我底子差，学习跟不上趟，考大学我是没指望。有天晚上，我偷偷对母亲说我不想考了，反正考也考不上。谁知，第二天晚上，父亲从外县干活儿的工地上急急赶回来，坐在凳子上，一根接一根地抽烟。不知过了多久，父亲站起来，踩灭了烟蒂。走到我跟前，抚摸着我的头，只说了短短几句话："孩子，在你七岁那年，你能翻过那堵墙，摘到院子里的李子吃。现在，你只要翻过高考这堵墙，也能摘到果子吃。爸爸相信你，没事的，一定能翻过去的。""翻过那堵墙去！"我一下子想起了那天吃李子的事。顿时，我明白了父亲当年说那句话的含义。是的，一定要翻过那堵墙去。此后，在父亲这种"翻过那堵墙去"的精神鼓舞下，在不到一年的时间里，我奋起直追，终于如愿以偿。那年七月过后，我收到了大学录取通知书，摘到了丰收的"果子"。

父亲的"翻过那堵墙去"一直成为我的座右铭，帮我克服一个又一个困难。不曾想到后来的一次，这话竟成为我对父亲说的话了。

连续两个月，父亲因病卧床不起。那天晚上，他把我和母亲叫到床前，严肃而又忧虑地对我说："孩子，万一我不行了，你和你妈……"母亲的手迅速捂住了父亲的嘴，并嗔怪道："瞧你，说到哪儿去了？你现在就抛下我们娘两个，不心亏吗……"我转身跑出去，真怕滚涌而出的泪水使父母伤心。

痛苦之极的我，突然想起了父亲"翻过那堵墙"的话。我立即擦干眼泪，走到父亲床前，握着他的手，说："爸，还记得您那次对我说的'翻过那堵墙'的话吗？儿子这次也希望您能翻过病魔这堵'墙'啊！"父亲听到我这句话，竟愣了愣，随即握紧了我的手，很坚决地点了点头。

后来的情况是，医生也非常奇怪父亲的病很快就好起来了，说这是"少见的情况"。其实，我们都知道，"翻过那堵墙"的就是一种敢于奋斗的精神。正是这种精神，才使父亲与我当年一样，心存希望，在病魔面前没有退却，以一种豁达的心态追求着幸福。

2002年的时候，我的工作遇到了前所未有的挑战。由于各种原因，单位效益大幅度下滑，上级派驻工作组进行整顿，并撤换了原来的总经理，决定招聘一名新总经理。我很想去竞聘，但又犹豫不决，正在拿不定主意时，我又想起了父亲当年说给我的那句"翻过那堵墙"的话。于是，我又像一支装满子弹的冲锋枪一样，以一种无畏的精神竞聘来了总经理的位置。经过不懈努力，如今我们已成为拥有一家总公司、五家分公司，每年效益达1亿元的集团化企业了。回想过去，假如我没有"翻过那堵墙"的奋斗精神，说不定我现在还是一个下岗工人呢。

如今，我已把"翻过那堵墙"的故事和精神作为励志教材讲给所有员工听。我想，无论是工作还是生活中，即使遇到天大的困难，只要想到这句话，勇于进取，也就能把各种困难踩在脚下。

（据祝师基《翻过那堵墙》，《精品文摘》2006年3期）

生词

1. 集市 jíshì （名）农村或城市中定期买卖货物的市场。例如："集市上有很多小商品出售。"
2. 馋 chán （动）贪嘴，贪食。例如："小孩子总是嘴很馋。"

3. 诱人 yòurén 富有魅力的；迷人的。例如："桂林有着诱人的山水。"

4. 打量 dǎliang （动）观察（人的衣着、外貌）。例如："老师把我上上下下好好打量了一番。"

5. 乞求 qǐqiú （动）请求给予。例如："饥饿的孩子在乞求食物。"

6. 巡视 xúnshì （动）四下里到处看。例如："警察正在街上巡视。"

7. 垫 diàn （动）用别的东西衬在下面，使物加高、加厚或起隔离。例如："脚下垫几块砖，你就可以够到那个苹果了。"

8. 窜 cuàn （动）跳，急转。例如："一件小事就把他急得上窜下跳。"

9. 喘 chuǎn （动）喘息，急速地呼吸。例如："刚跑完步，他喘得厉害。"

10. 眼巴巴 yǎnbābā （形）形容急切地盼望。例如："我眼巴巴地望着生病的孩子却束手无策。"

11. 渴望 kěwàng （动）迫切地希望；殷切盼望。例如："渴望和平；渴望回家。"

12. 抚摸 fǔmō （动）用指触摸。例如："妈妈轻轻地抚摸着我的头对我讲她小时候的故事。"

13. 乐 lè （形）喜悦；愉快。例如："妈妈乐得合不上嘴。"

14. 指望 zhǐwàng （名）指所盼望的事物；希望。例如："没指望；有指望。"

15. 蒂 dì （名）这里指末端、尖端、梢。例如："烟蒂；果蒂。"

16. 含义 hányì （名）（词句等）所包含的意义。例如："这个词用在不同场合有不同的含义。"

17. 如愿以偿 rú yuàn yǐ cháng 像所希望的那样得到满足，得到成功。例如："我经过几年的努力，终于如愿以偿。"

18. 座右铭 zuòyòumíng （名）能够作为指导人的行为的格言。例如："鲁迅把他的座右铭刻在桌面上。"

19. 严肃 yánsù （形）神情、气氛使人感到敬畏。例如："爸爸严肃地和我讨论了留学这件事。"

20. 忧虑 yōulǜ （形）忧愁思虑。例如："他们为日常生活开支高昂而忧虑。"

21. 嗔怪 chēnguài （动）对别人的言语、行为表示不满。例如："孩子不懂事，你就别总嗔怪他了。"

22. 竟 jìng （副）竟然；出乎意料。例如："没想到这一别竟是我们最后一次见面。"

23. 挑战 tiǎozhàn （名）故意激怒敌人，使出战；鼓动对方跟自己竞赛。例如："接受挑战；挑战者。"

24. 幅度 fúdù （名）两个可能极限之间的距离或长度。例如："降价幅度；大幅度。"

25. 撤换 chèhuàn （动）开除、免职、使丧失成员资格、地位或官职。例如："全体会员鼓掌通过撤换那位主席。"

26. 招聘 zhāopìn （动）用公告的方式让人应聘。例如："美国通用公司正在招聘会计人员。"

27. 犹豫 yóuyù （动词）拿不定主意。例如："不要再犹豫了，快点决定吧。"

28. 不懈 búxiè （形）不松懈。例如："通过他不懈努力，这个问题终于解决了。"

语言点

（一）特别

1. 副词。
   非常；与一般不同。修饰形容词或动词短语。例如：
   （1）他今天早上起得特别早。
   （2）春节晚会特别吸引观众。

2. 特地；着重。修饰动词。例如：

（1）应该特别说明，这个办法只是临时的。

（2）这些礼物我是特别为你准备的。

（二）实在

副词。完全正确，的确。强调事情的真实性。例如：

（1）他病了，实在坚持不住了。

（2）老师对我实在太好了。

（三）补语

补语位于述语之后，是对述语作补充说明的成分。

1. 结果：看完；洗干净。
2. 趋向：拿进去；走出来。
3. 可能：看得完；干不了。
4. 程度：摆得整整齐齐；热死了。
5. 时间：张师傅生于 1959 年。
6. 地点：小明生于美国。

（四）反正

副词。

1. 强调在任何情况下都不改变结论或结果。常与"无论"、"不管"、或表示正反两种情况的词语搭配。多放在主语前。例如：

（1）信不信由你，反正我不信。

（2）不管你怎么说，反正我不想去。

2. 指明情况或原因，意思与"既然"相近，而语气较强。多用在动词、形容词或主语前。例如：

（1）反正不远，我们走着去吧。

（2）反正考不上，那就别考了。

（五）严肃

形容词。神情、气氛使人感到敬畏的；作风、态度等严格认真。例如：
(1) 他是个严肃的人，从来不乱开玩笑。
(2) 我们一定要严肃处理这次事故。

近义辨析：严肃　严厉　严格

严肃：指人的神情、态度、作风，也可以指气氛。例如：
(1) 老年男教师的表情一般都比女教师严肃。
(2) 即使在家里父亲对孩子也很严肃，脸老是板着，一天到晚都不笑。
(3) 今天经理严肃地批评了小倒。
(4) 上班的时候，办公室的气氛一般都比较严肃，特别是领导在的时候。

严厉：指人的神态、表情，有厉害的意思。例如：
(1) 爸爸太严厉了，经常骂我们，吓得孩子们都不敢和他说话。
(2) 对于违法乱纪行为，应该严厉打击，决不留情！

严格：多指遵守制度、掌握标准的态度。例如：
(1) 在城市里，人们如果不严格遵守交通法规，就容易出现交通事故。
(2) 对学习严格要求的老师也是学生欢迎的老师。

练习

一、熟读并抄写下列词语

嘴馋	诱人	打量	乞求	委屈	鼓励
鼓舞	病魔	退却	豁达	挑战	效益
忽前忽后		灵机一动		浑身发抖	渴望已久

一字一顿　　　卧床不起　　　不知不觉　　　如愿以偿

二、解释下列句子中的加点词语

1. 我常常盯着高墙围住的李树挪不动步，李子的香味实在诱人。
2. 父亲则一边摇着头一边向四周巡视。
3. 见状，我灵机一动，找来几块砖垫在脚下，使劲向上窜，还是上不去。
4. 我急了，挣扎着爬起来，飞快跑进屋，搬出一张椅子，垫上几块砖。
5. 当时不懂父亲这句话的意思，我只觉得既吃了李子，又受到了表扬，心里乐滋滋的。
6. 不知不觉到了高三，那时我底子差，学习跟不上趟，考大学我是没指望。
7. 在父亲这种"翻过那堵墙去"的精神鼓舞下，在不到一年的时间里，我奋起直追，终于如愿以偿。
8. 父亲的"翻过那堵墙去"精神一直成为我座右铭，帮我克服一个又一个困难。
9. 我很想去竞聘，但又犹豫不决，正在拿不定主意时，我又想起了父亲当年说给我的那句"翻过那堵墙"的话。
10. 于是，我又像一支装满子弹的冲锋枪一样，以一种无畏的精神竞聘来了总经理的位置。

三、根据课文内容选词填空

1. 用动词填空

我灵机一动，_____来几块砖_____在脚下，_____向上窜，还是上不去。我又_____来一块木墩子搭在砖上，谁知，刚一_____上脚，"哗啦"一下，木墩_____了，我也_____了个跟头。_____着粗气，_____着委屈的泪水，我眼巴巴地_____着父亲。

2. 用状语填空

我急了，_____着爬起来，_____跑进屋，搬出一张椅子，垫上几块砖。_____地爬上了墙头。蹲在墙顶，我浑身发抖，不敢往下跳。这时，母亲_____地向我跑来了，父亲却拉住母亲，大声向我喊："没事！没事！跳！向下跳。"在父亲的鼓励下，我_____地跳下去，又_____地爬上树，摘到了渴望已久的李子。在我吃够出来时，父亲_____抚摸着我的头，一字_____地说："孩子，记住！你翻过那堵墙去，吃到了李子。好样的！"

3. 用介词填空

（1）_____我当年一样，心存希望，_____病魔面前没有退却，_____一种豁达的心态追求着幸福。

（2）_____各种原因，单位效益大幅度下滑，上级派驻工作组进行整顿，并撤换了原来的总经理，决定招聘一名新总经理。

（3）于是，我又像一支装满子弹的冲锋枪一样，_____一种无畏的精神竞聘来了总经理的位置。

（4）_____不懈努力，如今我们已成为拥有一家总公司、5家分公司，每年效益达1亿元的集团化企业了。

四、选择适当的词语填空

鼓舞　　鼓励

1. 大家的赞扬给了他极大的_____。
2. 听到好消息后，大家都欢欣_____起来。

严肃　　严格　　严厉

3. 他对自己要求很_____。
4. 会场的气氛既_____又隆重。
5. 国际社会_____打击走私行为。

效益　效果

6. 利用多媒体教学，教学_____很好。

7. 充分发挥三峡水库的_____，为国家建设服务。

反正　既然

8. 不知不觉到了高三，那时我底子差，学习跟不上趟，考大学我是没指望。有天晚上，我偷偷对母亲说我不想考了，_____考了也考不上。

9. _____你一定要去，我也不反对。

五、运用下列句子中的加点结构造句

1. 有一天傍晚，我围着父亲忽前忽后，一遍又一遍求父亲给我摘几个李子。

2. 父亲则一边摇着头一边向四周巡视。

3. 在父亲的鼓励下，我"咚"地跳下去，又飞快地爬上树，摘到了渴望已久的李子。

4. 当时不懂父亲这句话的意思，我只觉得既吃了李子，又受到了表扬，心里乐滋滋的。

5. 其实，我们都知道，"翻过那堵墙"的精神就是一种敢于奋斗的精神。

6. 我很想去竞聘，但又犹豫不决，正在拿不定主意时，我又想起了父亲当年说给我的那句"翻过那堵墙"的话。

7. 回想过去，假如我没有"翻过那堵墙"的奋斗精神，说不定我现在还是一个下岗工人呢。

8. 无论是工作中还是生活中，即使遇到天大的困难，只要想到这句话，就勇于进取，也就能把各种困难踩在脚下。

六、根据课文内容，选择正确答案

1. 父亲的什么精神一直成为我座右铭，帮我克服一个又一个困难？（　　）
　　A. "没事！没事！跳！向下跳。"　　B. "少见的情况"
　　C. "翻过那堵墙去"　　D. "好样的！"

2. 文中"翻过那堵墙"的精神告诉我们：（　　）
   A. 翻墙是一种很好的运动
   B. 翻墙能体现男孩子的勇敢
   C. 只有翻过了那堵墙，才能吃到可口的李子
   D. 在困难面前，人要有敢于斗争的精神，大无畏地将困难踩在脚下

3. "我急了，挣扎着（　　）起来，我也来了气，飞快（　　）进屋，（　　）出一张椅子，（　　）上几块砖。"句中的动词依次为（　　）
   A. 爬　搬　跑　垫　　　　　B. 跑　爬　垫　搬
   C. 爬　跑　搬　垫　　　　　D. 搬　爬　跑　垫

4. "于是，我又像一支装满子弹的冲锋枪一样，以一种无畏的精神竟聘来了总经理的位置。"对该句的正确理解是（　　）
   A. 我把冲锋枪装满了子弹
   B. 我变得勇敢了，好象装满子弹的冲锋枪
   C. 我以一种霸道的精神来竟聘总经理的职位
   D. 我来竟聘，可是没有成功

5. 下列词组中，不属于述补结构的一项是（　　）
   A. 洗干净　　　　　　　　B. 热死了
   C. 烦透了　　　　　　　　D. 刮风

七、根据课文回答问题

1. "翻过那堵墙"在文中的内在含义是什么？
2. "我"第一次跳墙"吃李子"成功了没有？父亲给了我什么样帮助？
3. 文中"翻过那堵墙去"，让"我"一下子回忆起了吃李子的事。顿时，"我"明白了父亲当年说那句话的含义。父亲当年说那句话的含义是什么？
4. 父亲的病为什么很快就好起来了？
5. 文中多次用了比喻的修辞方法，请至少找出两处。
6. 请问"墙"在这篇文章中起什么作用？

八、请以"童年的故事"为题复述课文

九、作文：运用下列词语，写一个小故事（字数要求：150字以上）

　　我小的时候，那时候，有一天，后来如今……

十、阅读下列格言，说说它们的意思

　　1. 养子莫溺爱，溺爱会溺坏。
　　2. 严是爱，松是害，不管不教要变坏。
　　3. 种田不好一年荒，养子不好一世荒。
　　4. 教子不严父之过，教儿不改儿之错。
　　5. 养不教，父之过；教不严，师之惰。
　　6. 树木靠根长，小孩靠爹娘。
　　7. 浇花浇根，教人教心。
　　8. 好花不浇不盛开，小树不修不成材。
　　9. 家庭是最好的学校，父母是最好的老师。
　　10. 十年树木，百年树人。

　　想一想，你们国家有哪些家教格言呢?

偷　钱

吴祖光

　　时常和母亲要钱，又说不出个正经的用处，是一桩很不舒服的事情。因此在一个清早，所有的人在睡觉，只有我一个人很早起床，看见书桌上放着一叠铜子儿，便不免见猎心喜，拿了一小部分放在口袋里上学去了。当时曾经想到，这就是"偷东西"么？略微有些不安，但马上就想不到这些了。并且始终没有人发觉，于是这便成了我日常的习惯。胃口越吃越大之时，这个惯贼落了网。有一回我一狠之下把桌上的一大叠铜元全部装进了衣袋，偏偏母亲马上就来拿钱了，马上注意到了我，结果从我的衣袋里破获了全部赃物。母亲半晌无话，看了我许久，说："你拿这些钱做什么？"我低了头，说："我想买一副乒乓球，还有网子、拍子……母亲说："这是偷钱，做贼，懂吗？"又过了一会儿说："到学校里去，回头再跟你说。"

晚上我很早就睡了，主要的原因是怕父亲回来，其实我哪里睡得着呢？

我听见父亲说："睡着了么？"母亲说："睡着了。"父亲说："把这个放在这儿吧，又不是不给他钱。一定要偷，多难为情。"我面朝里装睡，感到母亲把一样东西轻轻摆在枕头旁边。第二天清早醒来时，我一把抱住了枕头边的盒子，打开盒子，里面是两个球拍，一面网子，半打儿乒乓球。

父亲、母亲、祖母都没有再提过这桩事，而我也没有再偷钱。

（改编自吴祖光《偷钱》，《中华读书报》2006年1月6日26版）

（一）解释加点词语

1. 时常和母亲要钱，又说不出个正经的用处，是一桩很不舒服的事情。
2. 因此在一个清早，所有的人在睡觉，只有我一个人很早起床，看见书桌上放着一叠铜子儿，便不免见猎心喜，拿了一小部分放在口袋里上学去了。
3. 并且始终没有人发觉，于是这便成了我日常的习惯。
4. 胃口越吃越大之时，这个惯贼落了网。
5. 有一回我一狠之下把桌上的一大叠铜元全部装进了衣袋，偏偏母亲马上就来拿钱了，马上注意到了我，结果从我的衣袋里破获了全部赃物。
6. 母亲半晌无话，看了我许久，说："你拿这些钱做什么？"
7. 到学校里去，回头再跟你说。
8. 父亲、母亲、祖母都没有再提过这桩事，而我也没有再偷钱。

（二）回答问题

1. 作者一开始为什么要"偷钱"？
2. 为什么经过这件事以后"我"再也没有偷钱？
3. 如果你是文中"我"的母亲，当你发现儿子偷钱时，心里会打算怎么做？（不少于50字）
4. 谈谈你的父母是如何教育你的？

第四课　五香凤尾鱼

那年我4岁,还不到上学的年龄,天天跟着母亲去远在郊区的一所偏僻幽静的医院里。医院的中药库房前有个苗圃,长着一片枝条纤细的银杏树,它们的叶子是那样的奇特——像打开的折扇。我在苗圃里捡拾着落下来的银杏叶时,见到一个正吃油炸带鱼的小女孩。她的脸色有点苍白,我想她应该是个小病人。她手中只剩下一截带鱼的鱼刺,像举着一把小梳子。

母亲不是医生,也不是那些整洁的护士。在医院里,母亲是个临时工,她干的是杂活儿。她的工作服前面永远被水溅得有些湿,上面染着斑斑点点的褐色中药汁。上午,母亲在一间被烟熏得很黑的房间里炮制好中药后,中午要在院子的水池里洗护士站送来的床单和被套。

我跑回母亲的房间里,对母亲说我要吃带鱼!母亲没有理睬我,她还站在火炉前炒着药材,空气里有一种呛人的药味。我看到地上的扁筐里盛着桔梗、黄连等。母亲的沉默使我意识到,带鱼对我来说只是个梦想而已。我们的午饭经常是这样的:煮红薯。在一只铝锅的箅子上再蒸几个从家里带来的馒头。我们的菜是腌红萝卜,母亲在家里切成丝装在玻璃瓶里带来的。

母亲工作的炉台上有一瓶蜂蜜,她在炮制蜜炙甘草。我马上又说:"我要吃蜂蜜!"母亲惊慌地对我说:"你可不要乱吃!那可是公家的东西,要让别人听见了,咱们还想不想在这里干了?"

我在一旁哭闹。母亲说:"妈还要干活儿,自己去一边玩儿吧。"我只好在地上捡了一个卷柏在水池边玩儿。水池里有一堆护士送过来的床单和被套，母亲刚刚放进去的。我把像乌贼爪子似的干枯卷柏投进水里的时候，它被水泡发得很大很大。在水池边，我突然发现在乳白色肥皂泡的被单中间，漂浮着一张暗色的纸。把它从水里捞出来，我发现那竟是一张10元的钞票！当我把它交给母亲时，母亲一下也惊呆了。这钱是从哪来的？

她问我。我指了指外面的水池。在一只印着红十字图案的枕头套里，母亲意外地又发现了一卷被水洗湿的钱——我看见她惊讶的样子，母亲从来没有见过那么多的钱，那些钱，几乎相当于她半年的工资！我感觉到母亲捏着钱的手都有点儿微微抖动。

但很快，母亲说："这些钱我们不能要。那个丢钱的人肯定是个病人，人家是要用这些钱看病的。丢了钱，还不知道人家要多么着急呢！"母亲说着，就拽着我往病房里跑，飞快地跑。

在住院部里，母亲带着我一个病区一个病区地找护士长。在走廊最里端的一个外科护士站里，有一位病人正在跟护士长激烈地诉说着什么。一个像我祖母一样年岁的女人，正陷入一种疯狂的焦急和绝望中。她说："我明明记得是把钱塞在了枕头套里的！"母亲在她面前摊开了手掌，那卷被肥皂水洗湿的钱，一分不少，回到了它的主人手里。

当母亲领着我回到泡着被单的水池边正准备洗时，那个丢钱的病人赶了过来，她的手里掂着一盒罐头。在多次的推辞之下，我，一个诚实的年轻女人的孩子，生平第一次得到了一盒罐头，一盒凤尾鱼罐头！作为最为诚意的回报，母亲在锅里捞出几个红薯，对那个来送给我鱼罐头的奶奶说："您千万也要捎走尝尝，不然，俺也不好意思收下！"

我周围又弥漫起熟悉的罐头鱼的气味，一盒五香凤尾鱼，一瓶啤酒——对多年以后的我而言，最幸福的生活莫过如此了。

打开五香凤尾鱼罐头，我看到那些渐渐变细的鱼骨骼很透明地显现，它排列整齐、错落有致，像植物的对生叶片或穗状的花序。它一次又一次让我想起美德这个词，想起母亲诚实的心和纯净的人格。我的第一盒五香凤尾鱼罐头，是母亲用自己的人品换回来的，它将让我铭记终生。

（据刘传珍《五香凤尾鱼》，《辽宁青年》2005年10月上半月刊）

生词

1. 偏僻　piānpì　（形）远离人口集中居住的地区或远离交通要道。例如："这里尽管偏僻，但是细心的人也能发现很多乐趣。"
2. 幽静　yōujìng　（形）清幽寂静。例如："在幽静的环境中人会感到心旷神怡。"
3. 苗圃　miáopǔ　（名）培育幼株或幼苗的园地。例如："爷爷的苗圃里种植了许多名贵的花草。"
4. 纤细　xiānxì　（名）细微，细小。例如："望着她纤细的手指在琴键上灵活地跳跃，我着迷了。"
5. 奇特　qítè　（形）不寻常，特别。例如："她的行为很奇特。"
6. 捡拾　jiǎnshí　（动）收敛，收集；用手拿起（某物）。例如："奶奶就靠捡拾废品拉扯我长大。"
7. 苍白　cāngbái　（形）白而微青的颜色。例如："长时间的生病使他看上去脸色很苍白。"
8. 截　jié　（量）指物体截断后的片断、部分。例如：半截砖、一截木头、上半截。
9. 整洁　zhěngjié　（形）规整而洁净。例如：整洁的服装、整洁的教室。

10. 杂活　záhuó　零碎的工作；各种各样的力气活。例如："一开始打工总是做一些杂活。"

11. 溅　jiàn　（动）液体受到冲激向四外飞射。例如："鱼儿跃入水中，溅起一层水花。"

12. 床单　chuángdān　（名）覆盖床面用的织物。例如：洁白的床单。

13. 被套　bèitào　（名）被里和被面缝在一起而成的袋状物。例如：缝被套。

14. 理睬　lǐcǎi　（动）对别人的言行给予注意并表示态度。例如："没人理睬这事。"

15. 呛　qiàng　（动）有刺激性的气体进入嗅觉器官、呼吸器官或视觉器官，使人感觉难受。例如：呛鼻子、呛得咳嗽。

16. 沉默　chénmò　（动）一言不发；不说话。例如："沉默也代表一种意见和看法。"

17. 梦想　mèngxiǎng　（名）渴望；妄想；例如："童年的梦想；梦想实现了。"

18. 腌　yān　（动）用盐浸渍食物。例如："每到过年，妈妈总会腌一些酸菜和肉。"

19. 蜂蜜　fēngmì　（名）各种蜜蜂用花蜜在蜜囊内酿制的一种甜粘物质。例如："狗熊爱吃蜂蜜。"

20. 捏　niē　（动）用拇指和别的手指夹。例如："捏住一只笔；把虫子捏出来。"

21. 抖　dǒu　（动）颤动，哆嗦。例如："吓得浑身乱抖；发抖"。

22. 拽　zhuài　（动）拉扯；用力拉。例如："我拼命地把他拽出了水面。"

23. 走廊　zǒuláng　（名）房屋之间有顶的过道。例如："颐和园里有长长的走廊。"

24. 诉说　sùshuō　（动）带感情地陈述。例如："他在信里诉说着对教师工作的热爱。"

25. 陷入　xiànrù　（动）比喻深深地进入（某种境界或思想活动中）。例如："爸爸时常会陷入沉思而忘了吃饭。"

26. 焦急 jiāojí （形）非常着急。例如：焦急万分；心里焦急。

27. 绝望 juéwàng （动）断绝希望；毫无希望。例如：感到绝望；绝望的呼喊。

28. 摊 tān （动）摆开；铺平。例如：摊书（摊开书本）。

29. 推辞 tuīcí （动）表示拒绝（任命、邀请、馈赠等）。例如："人家这样热情，你就不要再推辞了。"

30. 生平 shēngpíng （名）有生以来。例如："生平最大的安慰是得到人们的信任。"

31. 弥漫 mímàn （动）布满；到处充斥着。例如："到处弥漫着欢乐的气氛。"

32. 气味 qìwèi （名）嗅觉所感到的味道。例如：气味浓香；散发出气味。

33. 终生 zhōngshēng （名）毕生；终身。例如："为自己钟爱的事业奋斗终生是值得的！"

注释

1. 炮制 páozhì 中医用烘、炮、炒、洗、泡、漂、蒸、煮等方法加工中草药。

2. 炒 chǎo 中药炮制法之一。将药材放在锅内加热，翻动至一定要求。

3. 药材 yàocái 可供制药的原料；未经加工或未制成成品的中药原料。

4. 桔梗 jiégěng 多年生草本植物，叶子卵形或卵状披针形，花暗蓝色或暗紫色。根可入药。

5. 黄连 huánglián 多年生草本植物，有三片小叶的复叶，黄绿色。根状茎味苦，黄色，可入药。

6. 乌贼　wūzéi　乌贼科（十腕目）的十腕海洋头足类软体动物，身体椭圆形而扁平，口的边缘有十只带吸盘的腕足，体内有墨囊，用以放出黑色液体掩护逃跑。

语言点

（一）还

语气副词。表示语气。

1. 表示动作或状态持续不变；仍然。例如：
   (1) 他还没来，再等一会儿吧。
   (2) 已经十一月了，天气还不冷。
   (3) 已经堵车一个小时了，司机还一点儿不着急。

2. 把事情或情况往大、多、长、重或小、少、轻的方面说。例如：
   (1) 桌子上的书堆得比山还高。
   (2) 今天已经零下20度了，明天还要降温。
   (3) 不仅没赚钱，还赔了几百块呢。
   (4) 人还太少，没法比赛。
   (5) 还不到五分钟，你急什么？
   (6) 小车还过不去呢，更不用说大车了。
   (7) 他的成绩还算不错，基本合格了。

3. 表示超出预料，有夸奖的语气。例如：
   (1) 雨下得这么大，同学们还真的来了！
   (2) 还是你对我好，真没想到！

4. 表示应该如此而没有做到或达到，有责备的语气。例如：

(1) 你还是老师呢，这么简单的问题都不懂。

(2) 他还是哥哥呢，也不帮助妹妹。

5. 用于反问句。例如：

(1) 都十二点了，你怎么还说不晚！

(2) 已经上课了，还不进教室！

（二）想

料想；估计。可带小句作宾语。例如：
(1) 老师想着我会考得很好。
(2) 你想没想过他会亲自来？

注意：

1. 表示料想时，不能用"想不想"提问。

2. "没想"表示对已经发生的事没料到，后面常加"到"。例如：

(1) 没想到他又来迟了。

(2) 没想结果会是这样。

（三）都

副词。表示"甚至"。例如：
(1) 你待我比亲姐姐都好。
(2) 把他都吵醒了。

注意：

1. 与"连"同用，有强调语气的作用。例如：

(1) 连书包里的东西都淋湿了。

2. "都"字前后用同一个动词（前一肯定，后一否定）。例如：

(1) 我拉都拉不住他。

(2) 你怎么问都不问我一声？

3. 一 + 量……都 + 动（否定式）。例如：
   (1) 他坐在那儿一声都不吭。
   (2) 他连一句话都不想说。

（四）什么

代词，代替不肯定的事物。一般只做宾语。例如：
(1) 你想不想吃点儿什么？
(2) 见了面就全明白了，我就不说什么了。

练习

一、熟读并抄写下列词语

偏僻	幽静	苗圃	整洁	杂活	漂浮
理睬	意识	梦想	蜂蜜	惊慌	惊呆
诉说	焦急	绝望	回报	弥漫	人品

二、解释下列句子中的加点词语

1. 在医院里，母亲是个临时工，她干的是杂活儿。
2. 我们的菜是腌红萝卜，母亲在家里切成丝装在玻璃瓶里带来的。
3. 那可是公家的东西，要让别人听见了，咱们还想不想在这里干了？
4. 我把像乌贼爪子似的干枯卷柏投进水里的时候，它被水泡发得很大很大。
5. 母亲说着，就拽着我往病房里跑，飞快地跑。
6. 在走廊最里端的一个外科护士站里，有一位病人正在跟护士长激烈地诉说着什么。
7. 一个像我祖母一样年岁的女人，正陷入一种疯狂的焦急和绝望中。
8. 当母亲领着我回到泡着被单的水池边正准备洗时，那个丢钱的病人赶了过来,她的手里掂着一盒罐头。

9. 在多次的推辞之下,我,一个诚实的年轻女人的孩子,生平第一次得到了一盒罐头,一盒凤尾鱼罐头!

10. 打开五香凤尾鱼罐头,我看到那些渐渐变细的鱼骨骼很透明地显现,它排列整齐、错落有致,像植物的对生叶片或穗状的花序。

三、根据课文内容选词填空

1. 用恰当的量词填空

一_____罐头　　一_____啤酒　　几_____红薯
一_____病人　　一_____带鱼　　一_____梳子
一_____钱　　　一_____纸

2. 用适当的定语、状语填空

_____的医院　　_____的枝条　　_____的脸色　　_____的服装
_____地诉说　　_____地感动　　_____地游玩　　_____地寻找

四、选择适当的词语填空

人格　　人品

1. 它一次又一次让我想起美德这个词,想起母亲诚实的心和纯净的_____。

2. 我的第一盒五香凤尾鱼罐头,是母亲用自己的_____换回来的,它将让我铭记终生。

3. 不要侵犯公民的_____。

都　　甚至

4. 我连他的影子_____看不到。

5. 我_____不知道他叫什么名字,更不要说认识他了。

五、运用下列句子中的加点结构造句

1. 那年我4岁，还不到上学的年龄，天天跟着母亲去远在郊区的一所偏僻幽静的医院里。

2. 她手中只剩下一截带鱼的鱼刺，像举着一把小梳子。

3. 母亲不是医生，也不是那些整洁的护士。

4. 母亲的沉默使我意识到，带鱼对我来说只是个梦想而已。

5. 母亲的沉默使我意识到，带鱼对我来说只是个梦想而已。

6. 当我把它交给母亲时，母亲一下也惊呆了。

7. 在走廊最里端的一个外科护士站里，有一位病人正在跟护士长激烈地诉说着什么。

8. 你千万也要捎走尝尝，不然，俺也不好意思收下！

六、根据课文内容，选择正确答案

1. 文中"我明明记得是把钱放在枕头套里的"中"明明"指（　　　）

    A. 清楚　　　B. 明亮　　　C. 明白　　　D. 明显

2. 母亲为什么要把钱还给失主？因为（　　　）

    A. 失主已经知道是母亲拿的

    B. 母亲想要得到那罐五香凤尾鱼

    C. 母亲人格高尚，拾金不昧

    D. 母亲怕被医院开除

3. 母亲在锅里捞出几个红薯送给丢钱的人，是因为（　　　）

    A. 感谢　　　　　　　　　　B. 那个没吃过红薯

    C. 母亲煮的红薯很好吃　　　D. 回报

七、根据课文回答问题

1. 母亲在医院的身份是什么？那是一个什么样的医院？
2. "我"和母亲的午饭是什么？说明了"我们"的生活怎样？
3. "我"在什么地方捡到钱的？有别人看见吗？
4. 母亲接过钱后，为什么拽着"我"往病房里跑，而且还要飞快地跑？
5. 丢钱的病人怎么样？她送给妈妈什么礼物？
6. 为什么一罐五香凤尾鱼能让作者如此难以忘怀？

八、请以"我的第一盒罐头"为题复述课文

九、作文：运用下列词语，写一个小故事（字数要求：150字以上）

医院，安静，医生，护士，病人，妈妈，捡起，交还，谢意，佩服，人格……

十、朗读下面的唐诗，说说它的大意

游 子 吟
〔唐〕孟郊

慈母手中线，游子身上衣。
临行密密缝，意恐迟迟归。
谁言寸草心，报得三春晖（huī）。

翻译：
慈祥的母亲手里拿着针线，为即将远游的儿子赶制新衣。
儿子临行前，她忙着把儿子的衣服缝得严严实实，是担心孩子此去难得回归。
谁能说像小草的那点儿孝心，可以报答像春天太阳般的慈母恩惠呢？

副课文

母亲的作业

驱车从千里之外的省城赶回老家，杨帆直奔县人民医院。

"我母亲得了什么病？严重吗？"他急切地问主治大夫。

大夫看看他说："胃癌晚期。老人的时间不多了……你们要有心理准备。"杨帆顿时泪如泉涌。

出了诊室，杨帆立即用手机通知公司的副手，从今天起由他全权负责公司事务。

杨帆要在母亲最后的日子里陪伴在母亲的身边。

父亲早逝，为拉扯他们兄妹四个长大，母亲受尽了千辛万苦。母亲的腹痛是从两年前开始的，杨帆兄妹曾多次要带母亲到省城医院检查，每次母亲都说："不就是肚子痛吗，检查个啥，吃点儿药就好了，妈可没那么娇气！"母亲总是这样，生怕拖累儿女，生怕影响儿女们的工作。

杨帆开始守在母亲的病床边。

母亲每天都要忍受病痛的折磨。杨帆想方设法转移母亲的注意力，减轻母亲的痛苦。他跟母亲聊天儿，给母亲讲一些有趣的事情，用单放机让母亲听戏……有一天，陪母亲闲聊时，母亲忽然笑道："你兄妹四个都读了大学，你妹妹还到美国读了博士。可妈妈连自己的名字都不认得，竟然也过了一辈子。想想真是好笑……"杨帆脑海里立刻跳出一个念头，就对母亲说："妈，我现在教你认字写字吧！"妈笑了："教我认字？我都快进棺材的人了，还能学会？"

"你能，妈！认字写字很简单的。"

杨帆就找出一张报纸，教母亲认字。

他手指着一则新闻标题上的一个字，读："大。"

母亲微笑着念："大。"

他手指着另一个字："小。"

母亲微笑着念："小。"

……

病房里所有的人都向这一对母子投来了惊讶、羡慕和赞许的目光。

隔天，杨帆还专门买了一个生字本、一支铅笔，手把手教母亲写字。

母亲写的字歪歪斜斜，可是看起来很祥和、很温馨。当然，母亲每天最多只能学会几个最简单的字。可是母亲饶有兴趣地让杨帆教她写他们兄妹四人的名字，写那几个字时，都是满脸灿烂的笑容，不像一个身染绝症的人了。

一个月后的一个深夜，母亲突然走了。

那个深夜，杨帆太累了，趴在母亲的床边打了个盹儿，醒来时，母亲已悄然走了。

母亲是面带微笑走的。母亲靠在床上，左手拿着生字本，右手握着铅笔。

泪眼蒙眬的杨帆看到，母亲的生字本上歪歪斜斜地写着这样一些汉字：

"杨帆杨剑杨静杨玲爱你们。"

"爱"字前边，母亲涂了好几个黑疙瘩。

母亲最终没有学会写"我"字。

（据贺松《母亲的作业》，《小小说原创版》2005年第9期）

（一）解释加点词语

1. 大夫看看他说："胃癌晚期。老人的时间不多了……你们要有心理准备。"

2. 杨帆顿时泪如泉涌。

3. 出了诊室，杨帆立即用手机通知他公司的副手，从今天起由他全权负责公司事务。

4. 父亲早逝，为拉扯他们兄妹四个长大，母亲受尽了千辛万苦。

5. 母亲的腹痛是从两年前开始的，杨帆兄妹曾多次要带母亲到省城医院检查，每次母亲都说："不就是肚子痛吗，检查个啥，吃点儿药就好了，妈可没那么娇气！"

6. 母亲总是这样，生怕拖累儿女，生怕影响儿女们的工作。

7. 杨帆脑海里立刻跳出一个念头，就对母亲说："妈，我现在教你认字写字吧！"

8. 可是母亲饶有兴趣地让杨帆教她写他们兄妹四人的名字，写那几个字时，都是满脸灿烂的笑容，不像一个身染绝症的人了。

（二）回答问题

1. 大夫看看他说："胃癌晚期。老人的时间不多了……你们要有心理准备。""你们要有心理准备"是什么意思？
2. 杨帆为什么要教母亲学习？
3. 病房里所有的人对他们的学习持什么态度？
4. 母亲写他们兄妹四人的名字时，是什么样的表情？为什么？
5. 醒来时，母亲已悄然走了。"走了"是什么意思？类似的说法你还知道哪些？

第二单元
生活万象篇

第五课　我被富人堵在家里

　　原以为自己生活得很滋润，还以为自己生活得很神气。然而现在的感受是，自己早已被富人堵在了家里面。

　　那天哥们儿打来电话说："K 兄从美国回来了，咱们聚一聚吧，地点就在长城饭店。"虽说住在北京城，从城西到城东也不算远，但三年五载不走一回。于是整好衣冠擦亮鞋，奔长城饭店而去。

　　所乘交通工具是出租车。乖乖！往常只需 15 元的打的费，这回一下要了 50 元。

　　什么原因？堵车。何以堵车呢？私家车太多。

　　何来的私家车呢？富人的私家车。

　　这回我想出了这么个理：原来富人购买私家车，穷人是要跟着出钱的！

　　除了出钱还要赔时间。从我的住所到长城饭店，往常行车时间也不过半个小时吧，而那天则用了两个多小时。这是一次令我观念大变的出行。如果下次有这样的聚会我还去吗？可能我要犹豫，为所费的时间犹豫，为昂贵的车资犹豫。也许就在犹豫中否决，然后老老实实在家发呆。

　　我被富人堵在家里面。

　　去商场，在过去是再平常不过的事了。然而现在的商场也不是什么人都逛得有意思的。前些时候，朋友送我一件皮尔·卡丹衬衫，我觉得颜色不太中意，于是拿到西单某商场调换。虽说因为短款没换成，但乘机逛了回商场。这一逛让我吃惊不小，就说这服装部吧，乖乖，都是些什么宝贝啊，一条领带上千元，一顶单帽千余元，一件棉袄几千元……我细看了看棉袄的料子，也不过是全棉而已。这算什么呀，当年乡间老母亲手工做的棉袄平布面子，老布里子，自家种的棉花装进去，可谓百分之百的全棉，其款式，一点也不比现在的俗，全部成本最多五六元，就按现在的价格比，不过五六十元而已。可是看看现在商场的价格，你还想进吗？你又敢进吗？

如此之高的价格，商场还是照开不误，因为有顾客，也就是有钱人光顾。你嫌贵，人家不嫌贵；你敬而远之，人家却乐此不疲。

面对高档商场，我只能说穷人又一次被富人堵在家里面。

富人、穷人哪儿都有，但我感觉西方人似乎在尽力照顾着穷人的情绪。到过瑞典的人都知道那里的汽油贵得要死。何故？就是要通过高额附加税把富人的钱收上来补贴给公共交通，让穷人也能乘漂亮舒适的交通工具上班、出行。而且人们还常看到，小汽车排着长队等啊等，而公共汽车则一路畅行，准时到站。没钱人这时还可以笑话有钱人："谁叫你有钱呢，这叫花钱买罪受。"就算是穷开心吧，但也是很开心的。说了瑞典，再看英国，富人如果把高档物品拿到商店变卖，若是器量小的人定会气得吐血。比如你送去价值200英镑的皮衣，店主开价绝不会超过5英镑。何也？因为来这种店购物的是穷人，既然富人这么好的衣服都不想穿了，何不用来接济穷人？

国家给的就是这种政策，越是发达国家越是这样。他们在政策上就是要同富人"过不去"，而不是相反。

其实我一点也不讨厌富人，甚至喜欢和感激他们，他们大都是社会财富的创造者，增强国力的推助者，穷人在某些方面也在分享着由富人创造的科学成果和物质财富。但也绝不可否认，穷人富人的巨大悬殊，越发显得穷人可怜。

家，是人们可以固守的地方，但人活着绝不应该只以墙脚的长度为生活半径，不能被富人堵在家里。

所以，我不能不说，富人应给穷人腾出一片天地，让穷人也享有应有的空间。

（据张向阳《我被富人堵在家里》，《读者》2004年20期）

生词

1. 滋润　zīrùn　（形）舒服。例如："小日子过得挺滋润。"
2. 神气　shénqì　（名）自以为优越表现出得意的样子。例如："和电影明星站在一起，她自己都神气了许多。"
3. 感受　gǎnshòu　（名）接触外界事物得到的影响、体会。例如："生活感受"、"学习感受"、"工作感受"、"感受很多"。
4. 衣冠　yīguàn　（名）"冠"古时候指帽子，后来用整理衣冠来表示穿戴整齐、漂亮。例如："衣冠楚楚"、"衣冠整齐"、"衣冠不整"、"衣冠禽兽"。
5. 乖乖　guāiguai　（叹）表示惊讶或赞叹。例如："乖乖！往常只需15元的打的费，这回一下要了50元。"
6. 不过　búguò　（副），指明范围，含有往小里或轻里说的意味；仅仅。例如："他当年参军的时候不过十七岁。"
7. 否决　fǒujué　（动）否定。例如："提案被否决了。"
8. 发呆　fādāi　（动）因着急、害怕或心思有所专注，而对外界事物完全不注意。例如："他话也不说，眼直直地瞪着，坐在那儿发呆。"
9. 调换　diàohuàn　（动）更换或互相更换。例如："他们调换了位置。"

10. 料子　liàozi　（名）衣料。例如：一块料子；他的衣服是全棉料子。

11. 款式　kuǎnshì　（名）格式；样式。例如："这个书柜的款式很独特。"

12. 光顾　guānggù　（动）敬辞，称客人来到，商家多用来欢迎顾客。例如："欢迎广大消费者光顾我们商场。"

13. 乐此不疲　lè cǐ bù pí　（成）因喜欢做某件事而不知疲倦。形容对某件事特别爱好而沉浸其中。例如："她对逛街乐此不疲。"

14. 高档　gāodàng　（形）质量好，价格较高的（商品）。例如："她一直都穿高档时装。"

15. 尽力　jìnlì　（动）用一切力量。例如："我一定尽力帮助你。"

16. 补贴　bǔtiē　（动）贴补；从经济上帮助或弥补。例如：补贴家用；补贴差价。

17. 开心　kāixīn　（形）心情快乐。例如："她活得很开心。"

18. 变卖　biànmài　（动）出卖财产什物，换取现款。例如："富人把高档品拿到商场去变卖。"

19. 器量　qìliang　（名）气量；度量。例如："器量小的人动不动就会发脾气。"

20. 接济　jiējì　（动）在物质上援助。例如："他经常接济一些贫困的有志青年。"

21. 悬殊　xuánshū　（形）相差很远。例如："他们的地位悬殊，因此他们的恋爱遭到了家人的反对。"

22. 腾　téng　（动）使容器或地方空起来或不用。例如："腾地方；腾出时间做功课。"

语言点

（一）不过

1. 用在形容词性的词组或双音节形容词的后面，表示程度最高。例如：
   (1) 去商场，在过去是再平常不过的事了。
   (2) 坐飞机去最快不过了。

2. 副词，指明范围，含有往小里或轻里说的意味；仅仅。例如：
   (1) 我细看了看棉袄的料子，也不过是全棉而已。
   (2) 当年他参加世界比赛时也不过十八岁。

3. 连词，用在后半句的开头，表示转折，对上半句话加以限制或修正，跟"只是"相同。例如：
   (1) 他这次考试分数不是很高，不过比以前有了很大的进步。
   (2) 病人精神还不错，不过胃口有点差。

（二）设问句

自己提出问题，自己回答。目的是提醒读者或听话人注意。例如：
(1) 什么原因？堵车。
(2) 为什么堵车呢？私家车太多。
(3) 哪来的小狗呢？我知道了，是小明家的小狗偷着跑出来了。
(4) 今天的事情怎么办呢？我看要靠自己了。

练习

一、熟读并抄写下列词语

滋润　　神气　　感受　　往常　　观念　　出行
中意　　光顾　　情绪　　畅行　　悬殊　　空间

二、解释下列句子中的加点词语

1. 乖乖！往常只需15元的打的费，这回一下要了50元。
2. 也许就在犹豫中否决，然后老老实实在家发呆。
3. 去商场，在过去是再平常不过的事了。然而现在的商场也不是什么人都逛得有意思的。
4. 如此之高的价格，商场还是照开不误，因为有顾客，也就是有有钱人光顾。你嫌贵人家不嫌贵；你敬而远之，人家却乐此不疲。
5. 就算是穷开心吧，但也是很开心的。
6. 说了瑞典，再看英国，富人如果把高档物品拿到商店变卖，若是器量小的人定会气得吐血。
7. 他们在政策上就是要同富人"过不去"，而不是相反。
8. 但也绝不可否认，穷人富人的巨大悬殊，越发显得穷人可怜。

三、根据课文内容选词填空

1. 填入恰当的量词

一_____出行　　　一_____衬衫　　　一_____领带
一_____单帽　　　一_____棉袄　　　一_____天地

2. 填写合适的动词

_____衣冠　　　_____鞋　　　_____车　　　_____时间
_____商场　　　_____班　　　_____行　　　_____队

_____穷人　　　　_____空间

    3. 填写合适的补语

    生活得很_____　　用了_____　　气得_____　　显得_____

四、选择适当的词语填空

    只有　　只是　　不过　　只要

1. 坐飞机去最快_____了。
2. _____买到机票，才能去北京。
3. _____买到机票，就能去北京了。
4. 这个事情我能做好，_____需要花点时间。
5. 看他的样子，也_____二十来岁。
6. 他_____说有点累，不需要去医院。

五、运用下列句子中的加点结构造句

1. 既然富人这么好的衣服都不想穿了，何不用来接济穷人？
2. 他们在政策上就是要同富人"过不去"，而不是相反。
3. 其实我一点也不讨厌富人，甚至喜欢和感激他们。
4. 全部成本最多五六元，就按现在的价格比，不过五六十元而已。
5. 我不能不说，富人应给穷人腾出一片天地，让穷人也享有应有的空间。
6. 你嫌贵人家不嫌贵；你敬而远之，人家却乐此不疲。
7. 国家给的就是这种政策，越是发达国家越是这样。
8. 没钱人这时还可以笑话有钱人："谁叫你有钱呢，这叫花钱买罪受。"

六、根据课文内容，选择正确答案

1. 如何理解"我被富人堵在家里面"？（　　）
   A. 富人堵住我，不让我出去
   B. 门外私家车太多，我出不去
   C. 商品价格贵，只有富人享受得起，穷人享受的空间小
   D. 社会上富很多，穷人很少

2. 为什么瑞典的汽油贵得要死？（　　）
   A. 因为瑞典的汽油供不应求
   B. 因为政府要通过高额附加税把富人的钱收上来补贴给公共交通，让穷人也能乘漂亮舒适的交通工具上班、出行
   C. 因为瑞典富人太多，他们享受得起
   D. 因为汽油质量很好

3. "国家给的就是这种政策，越是发达国家越是这样。"句中"这样"不包括下列哪一项？（　　）
   A. 尽力照顾着穷人的情绪
   B. 同富人"过不去"
   C. 通过高额附加税把富人的钱收上来补贴给公共交通，让穷人也能乘漂亮舒适的交通工具上班、出行
   D. 讨厌富人

4. 下列词语中，与"光顾"词性相同的选项是？（　　）
   A. 器量　　　　　　B. 回顾
   C. 悬殊　　　　　　D. 神气

5. 选出属于设问句式的一项。　　　　　　　　　　（　　）

　　A. 屋里有人吗？

　　B. 富人可以享受的，难道穷人就不能享受吗？

　　C. 你这样做合理吗？不合理。

　　D. 住手！

七、根据课文回答问题

　　1. 富人不只夺了我的钱财，还在夺我的生命。这里的"生命"指什么？。

　　2. 作者第一次提到"被富人堵在家里"是因为什么？

　　3. 作者第二次提到"被富人堵在家里"又是因为什么？

　　4. 在英国，如果富人送去价值200英镑的皮衣，店主开价绝不会超过5英镑。这是为什么？

　　5. 作者为什么说"家，是人们可以固守的地方，但人活着绝不应该只以墙脚的长度为生活半径，不能被富人堵在家里。"？

　　6. 文章最后说"富人应该给穷人腾出一片天地"，谈谈你的想法，富人应该怎样给穷人腾出一片天地？

八、请以"富人与穷人"为题复述课文

九、车贴趣语

　　在中国，有私家车的人越来越多，新手上路时，往往会在车尾贴上有趣的话语，以提醒其他司机注意安全。你理解下列句子的意思吗？

　　1. 你让我也让，心宽路更宽

　　2. 菜鸟上路，请多关照。

　　3. 车新人老，眼神不好；左摇右晃，急刹不住

　　4. 新手旧车，都不太灵

　　5. 新手手潮，越催越面。

　　6. 女司机＋磨合＋头一次＝女魔头。

　　7. 当您看到这行字时，您的车离我太近了。

8. 新车上路，内有杀手。

十、下面是世界名车的中译名称，你还知道哪些？

公司成立时之所以选用"凯迪拉克"之名是为了向法国的皇家贵族、探险家安东尼·门斯·凯迪拉克（Le Sieur Antoine de la Nothe Cadillac）表示敬意，因为他在1701年建立了底特律城。凯迪拉克公司的成立为世界交通运输工业的发展翻开了崭新的篇章。

别克著名的"三盾"标志是以一个圆圈中包含三个盾为基本图案。它的由来可以直接追溯到汽车制造业的奠基人——苏格兰人大卫·邓巴·别克的家徽。

1911年，商标设计者为了迎合亨利·福特的嗜好，就将英文"Ford"设计成为形似奔跑的白兔形象，一博福特的欢心。

奔驰汽车拥有三个我们耳熟能详的译名：最常见的是"奔驰"，此外，还有港译"平治"和台译"宾士"。后两个译名也许令它显得更加尊贵，但前一个名字却无疑是最恰当的——作为汽车历史的开创者，"奔驰"两个字最恰如其分地表达了人类对汽车这一现代工具的全部期望。

副课文

世界各国的马路文明

到一个国家,只要先看看马路上的情形,你就大体上可以把握这个国家的文明程度了。

美国:礼貌谦让是常识

有"汽车王国"之称的美国,拥有世界上最发达的公路交通网,同时也有着完善、高效的交通管理体系和行为规范。即便在人口拥挤、道路狭窄的大都市,马路秩序也能保持井然。美国人很少按汽车喇叭,除非你的车技太差,挡了人家的路,或者提醒你后车门没关好什么的。在美国,"最牛"的车要数校车,这种车一般通体黄色,如果它在路边停下来接送孩子,并打开了延长停靠的指示灯,它左面和后面的车辆都得停下来,直到马路上没有孩子时才能开动。美国人视时间为生命,但在开车的时候却争当君子。

韩国:用应急灯表示歉意

韩国人等公共汽车时,即使只有几个人,也会认认真真地排个队,按顺序上车。初在韩国大街上开车,会发现有人插到前面时都会闪起应急灯,开始时我十分不解,后来才知道,这是表示歉意、感谢或请求谅解的意思。虽然这不是交通规则中的项目,但人人都认可,已经习惯成自然。当急于并线时,先打起并线灯,再打应急灯,人家也会让一下。这个做法可能会减少许多马路纠纷。

德国:以人为本

刚到德国时,我总会习惯地站在斑马线前等待疾驶的车辆通过,但汽车却主动停下来,开车人打手势示意我先行,我以为碰上了讲礼貌的人,便摆手致谢。到驾校学车时我才知道,这是行人的权利,无需致谢。在德国,对人的尊重体现在道路交通的每一处。难怪,德国人会说:"车是可以修复的,而人是无法修复的。"一旦违章,驾驶员不仅会被罚款和扣分,其违章情况还会在网上公布，今后驾车、购车和享受相关社会福利都会因此受到影响。除了严格的法规约束之外，民众也很自觉。如在一些著名的汽车公司销售厅里常备有特制的电动小汽车，经常有大人带着孩子在那里"路考"，过关后还发放"执照"，以鼓励孩子从小了解、重视并遵守交规。

（资料来源：http://www.snweb.com，有改动）

（一）解释加点词语

1. 到一个国家，只要先看看马路上的情形，你就大体上可以把握这个国家的文明程度了。
2. 有"汽车王国"之称的美国，拥有世界上最发达的公路交通网，同时也有着完善、高效的交通管理体系和行为规范。
3. 即便在人口拥挤、道路狭窄的大都市，马路秩序也能保持井然。
4. 在美国，"最牛"的车要数校车，这种车一般通体黄色，如果它在路边停下来接送孩子，并打开了延长停靠的指示灯，它左面和后面的车辆都得停下来，直到马路上没有孩子时才能开动。
5. 初在韩国大街上开车，会发现有人插到前面时都会闪起应急灯，开始时我十分不解，后来才知道，这是表示歉意、感谢或请求谅解的意思。
6. 这个做法可能会减少许多马路纠纷。
7. 到驾校学车时我才知道，这是行人的权利，无需致谢。
8. 在德国，对人的尊重体现在道路交通的每一处。
9. 难怪，德国人会说："车是可以修复的，而人是无法修复的。"
10. 除了严格的法规约束之外，民众也很自觉。

（二）回答问题

1. 美国人很少按汽车喇叭，为什么？
2. 用应急灯表示什么？
3. 为什么德国人会说："车是可以修复的，而人是无法修复的"？
4. 针对中国或你自己国家的交通现状，谈谈你的看法。

第六课　父母陪睡何时了

　　这天，重庆市某报的杜编辑去单位上班，他脸色很不好看，手背上还青一块、紫一块的，同事问他是怎么回事，杜编辑说："还不是我那女儿！"小姑娘竟然这样对待自己的父亲，同事都感到不解。经杜编辑一解释，大家这才明白：原来他女儿出生后，一直与父母同睡。年龄稍大，想跟她分床，但每次都遭到女儿的哭闹反抗。后来，杜先生就被赶到小屋里去睡了，女儿仍与她妈妈同睡。如今，女儿已经上小学四年级了，还一直跟母亲同睡，不允许爸爸亲近妈妈，杜先生偶尔一次犯规，就遭到女儿如此惩罚。杜先生叹了口气道："孩子是最大的第三者！"

　　杜先生的这番话竟然触动了不少同事的心事。事实上，不少年轻父母都或多或少、或轻或重地存在类似杜先生这样的问题。周编辑就有着和杜编辑同样的无奈，她说："我儿子飞飞已经五岁了，现在还和我们同睡。孩子出生的时候，医生就提倡宝宝独自睡小床，可是奶奶说孩子太小，非让搂着睡。出院后，为了照顾孩子方便些，就让孩子一直跟着我们睡。飞飞两三岁时，就想把他分出去跟奶奶睡，可他不肯，每分一次，就大哭大闹一次，最终就算了。到现在，我们一家三口睡一张床，盖三条被子。"

　　孩子才三个月大的小汪说："孩子本来是独自睡的，现在又和我们睡到一起了。小孩子出生前，我就先给它准备了一张小床。生下来后，我就一直让她自己睡。后来，小家伙好像对这种'待遇'非常不满，夜里又哭又闹。她爸爸就把她抱到大床上搂着睡，小家伙马上就不哭不闹，睡得可香了。我担心这样睡下去，以后就更分不开了，就坚持让孩子睡小床。可她爸爸不同意，说什么孩子需要爱抚，过早地让孩子自己睡，会影响孩子的自信心啦，说了一大堆，我自己也拿不准了。"

那和孩子一起睡会不会影响孩子的成长呢？

重庆市妇幼保健院的叶医生说："医学上是提倡母婴分睡的。因为孩子与大人同睡，特别是大人搂着孩子睡，会有很多不好的影响。比如，不卫生、空气不洁净。孩子和大人同睡，特别是脸贴脸地睡，会造成孩子头部二氧化碳浓度过高，影响孩子的智力发育。再说，也不安全，大人搂着孩子睡时容易发生意外，比如挤着、压着孩子等。另外，孩子与大人同睡，睡眠质量也不太好，睡眠不好，会影响孩子的生长发育。"

让孩子独睡会不会对孩子的心理造成不好的影响呢？重庆市铁路中心医院心理医生张医生认为："孩子除了吃喝等生理需要外，确实有被爱抚、受关注和拥抱、亲吻等需求，这会给孩子一种很安全、很温暖的感觉。孩子的这些需要也应当满足，如果缺少了这些，孩子的发育也是不健全的。不过，孩子的这些需要并不见得非要通过搂着他睡来获得。孩子获得这种心理感受的途径是多方面的：比如在喂奶的时候给以拥抱，在逗孩子玩儿的时候给以拥抱、亲吻、爱抚，都能给孩子以愉快的心理感受。再说，孩子的心理活动是在醒着的时候才有的，在孩子醒着的时候给以一定的爱抚，完全可以满足其心理需要。担心让孩子独睡会造成孩子缺少爱抚、安全感，是不必要的。"

孩子究竟从什么时候开始独睡为好？叶医生认为，这要看具体情况。首先一个国家有一个国家的传统，国情不一样。比如美国有让孩子独自睡觉的习惯。而在中国，为了照顾孩子，往往有父母或老人等陪睡的习惯。而且孩子的个人情况也不一样。但有一点是明确的,孩子与父母分开睡是越早越好,越晚越难分。孩子如果从小就养成了独睡的习惯,并不会觉得有什么不好,要是让他跟别人睡,他反而觉得不习惯。相反,如果孩子大了已习惯与父母同睡,你再让他分出去睡,他会很难接受。这时候让孩子独睡,往往会遇到很大的阻力。

面对孩子的不满和哭闹,家长一定要坚持必须得分睡。这样,孩子如果觉得哭闹也达不到目的的话,就会渐渐地不再采用这种方式。专家还提出,随着孩子渐渐长大,父母应鼓励孩子多与同龄人接触,而不是死死地把孩子拉在自己身边。

(据肖云"父母陪睡何时了",《幼教博览》2005 年第 3 期)

生词

1. 编辑　biānjí　(名)做编辑工作的人。例如:"他是杂志社的编辑。"
2. 脸色　liǎnsè　(名)脸的颜色;气色。例如:"他这几天病了,脸色不太好。"
3. 遭　zāo　(动)遇到(多指不幸或不利的事)。例如:"他向她求婚,但遭到了拒绝。"
4. 闹　nào　(形)喧哗;不安静。例如:"这孩子闹极了,谁的话都不听。"
5. 赶　gǎn　(动)驱逐。例如:"把蚊子赶出房间。"
6. 偶尔　ǒu'ěr　(副)有时候;间或。例如:"他经常打网球,偶尔也打篮球。"
7. 如此　rúcǐ　(代)指上文提到的某种情况。例如:"大家对我如此关心,如此爱护,使我深受感动。"

8. 惩罚 chéngfá （动）严厉地惩处。例如："坏人得到了应有的惩罚。"

9. 番 fān （量）用于心思、言语、过程等。数词限于"一、几"。例如："这一番经历我要把它详细写出来。"

10. 触动 chùdòng （动）因某种刺激而引起（感情变化、回忆等）。例如："我的话触动了他的心事。"

11. 心事 xīnshì （名）心里所想的事（多指感到为难的）。例如："最近他好像心事重重的样子，发生什么事了吗？"

12. 类似 lèisì （形）大致相像的。例如："不要再犯类似的错误。"

13. 独自 dúzì （副）自己一个人。例如："我不明白你怎么会让孩子独自去旅行。"

14. 搂 lǒu （动）搂抱；用胳膊拢着。例如："她把孩子搂在怀里。"

15. 最终 zuìzhōng （名）最后。例如："他们最终和解了。"

16. 家伙 jiāhuo （名）指人（含轻视或开玩笑的意思）。例如："你这家伙真不懂事。"

17. 待遇 dàiyù （名）对待人的态度、方式、情形。例如："他们受到不公平的待遇。"

18. 爱抚 àifǔ （动）疼爱抚慰。例如："这个孤独的孩子渴望母亲的爱抚。"

19. 自信 zìxìn （动、名）相信自己。例如："他自信能够完成这个任务。"

20. 婴 yīng （名）婴儿。例如："昨天下午三点，她在人民医院顺利产下一女婴。"

21. 贴 tiē （动）紧挨。例如："他贴着墙走。"

22. 造成 zàochéng （动）引起；带来某种后果（多指不好的后果）。例如："这次交通事故造成了19人死亡。"

23. 智力 zhìlì （名）指人认识、理解客观事物并运用知识经验等解决问题的能力。例如："她和哥哥在智力上差不多。"

24. 发育 fāyù （动）生物体成熟之前，机能和构造发生变化。例如："这孩子发育良好。"

25. 再说 zàishuō （连）表示推进一层。例如："现在去叫他已经来不及了,再说他也不一定有时间。"

26. 睡眠 shuìmián （名）睡觉。例如："多数人每天需要六至八小时的睡眠。"

27. 生理 shēnglǐ （名）机体的生命活动和体内各器官的机能。例如："我在中学学过生理学。"

28. 亲吻 qīnwěn （动）用嘴唇接触（人或东西），表示亲热。例如："她激动地搂着孩子亲了又亲。"

29. 健全 jiànquán （形）强健而没有缺陷。例如："健全的身体比金钱更有价值。"

30. 感受 gǎnshòu （动）接触外界事物得到的影响；体会。例如："通过这次打工,他感受到了生活的艰辛。"

31. 途径 tújìng （名）路径（多用于比喻）。例如："这是更好地理解孩子的一条重要途径。"

32. 阻力 zǔlì （名）起阻碍事物发展或前进的外力。例如："在改革的过程中,遇到了来自习惯旧势力的阻力。"

专名

1. 重庆市　　Chóngqìng Shì　　中国的直辖市之一。

注释

1. 妇幼保健院　Fùyòu Bǎojiànyuàn　妇女儿童保健医院。

2. 二氧化碳　èryǎnghuàtàn　无机化合物,分子式为 CO_2,易溶于水而成碳酸。

语言点

（一）近义词辨析

偶尔　　偶然

"偶尔"是副词，义为"间或，有时候"，跟"经常"相对，表示次数少。例如：

(1) 我们不大往来，昨天偶尔在公园遇见。
(2) 已经夜深人静，偶尔听见一两声婴儿啼哭。

"偶然"可作形容词，可修饰名词，多带"的"。例如：

(1) 这是一个很偶然的机会。

"偶然"作谓语时，前面必加程度副词，或用在"是……的"格式中。例如：

(1) 事情的发生很偶然。
(2) 这样好的成绩，绝不是偶然的。

"偶然"又可作副词，跟"必然"相对，表示意外。动词不能是单音节的。例如：

(1) 施工的时候，偶然在这里发现了一座古墓。

（二）不见得

副词，"不一定"的意思。

1. 不见得 + 动词/形容词。例如：

   (1) 药吃多了，对病不见得好。

2. 不见得 + 助动词（+ 动词/形容词）。例如：

   (1) 明天不见得能动身。

3. 可以单独回答问话或在句中做宾语。例如:
   (1) 他会同意的。——不见得。

注意:

"不见得"表示一种主观的估计,语气比较委婉,句中常用"我看、看样子"一类词语。表示事实还没确定,要用"不一定"。例如:事情的结果还不一定。不能说"事情的结果还不见得"。

(三) 给以

动词,给。必带双音节动名词做宾语。前边常用助动词或"一定、必须"等副词。多用于书面。例如:

(1) 在喂奶的时候,给以拥抱,在逗孩子玩儿的时候给以拥抱、亲吻、爱抚,都能给孩子以愉快的心理感受。
(2) 他有困难,我们应当给以帮助。

在以上例子中,受动者必须放在主语前或"给以"前。如放在动词后,"给以"就要改用"给"或者用"给……以……"。"给"后可带"了"。例如:
(1) 他有困难,我们应当给他帮助。
(2) 兄弟院校给我们以很大的支持。

练习

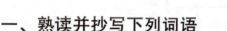

一、熟读并抄写下列词语

| 编辑 | 惩罚 | 遭到 | 霸占 | 睡眠 |
| 偶尔 | 触动 | 待遇 | 爱抚 | 途径 |

二、解释下列句子中的加点词语

1. 杜先生偶尔一次犯规，就遭到女儿如此惩罚。
2. 杜先生的这番话竟然触动了不少同事的心事。
3. 小家伙好像对这种"待遇"非常不满。
4. 如果缺少了这些，孩子的发育也是不健全的。
5. 孩子获得这种心理感受的途径是多方面的。
6. 这时候让孩子独睡，往往会遇到很大的阻力。
7. 医学上是提倡母婴分睡的。

三、根据课文内容选词填空

满足　给以　爱抚　途径　愉快　才

孩子获得这种心理感受的_____是多方面的：比如在喂奶的时候_____拥抱，在逗孩子玩儿的时候_____拥抱、亲吻、爱抚，都能给孩子以_____的心理感受。再说，孩子的心理活动是在醒着的时候_____有的，在孩子醒着的时候给以一定的_____，完全可以_____其心理需要。

四、选择适当的词语填空

偶尔　　偶然

1. 这是_____的错误。
2. 他擅长山水画，_____也画几张花卉。
3. 山区人烟稀少，沿途_____能见到几间茅房。
4. 没想到在船上碰见一个老同学，太_____了。
5. 有时在城市的某个角落，与很久没有联系的朋友_____相遇，经常会发出这样的感叹："世界真小！"

阻力　　阻碍　　障碍

6. 钙的缺乏会_____孩子正常的成长发育。
7. 摩擦产生的_____使得运动的物体停了下来。

8. 公共场所的设计应该包括无＿＿＿＿＿＿通道，方便残疾人的出入。

> 究竟　　终究

9. 汤团和元宵＿＿＿＿＿＿有什么区别？
10. 梦想＿＿＿＿＿＿不是现实，她努力了可是没有圆梦。

五、完成下列短语

1. 填写动词

（　　）惩罚　　（　　）意外　　（　　）习惯　　（　　）阻力
（　　）不解　　（　　）被子　　（　　）需要　　（　　）影响

2. 填写宾语

触动（　　）　　提倡（　　）　　鼓励（　　）　　搂着（　　）
获得（　　）　　达到（　　）　　采用（　　）　　接触（　　）

六、运用下列句子中的加点结构造句

1. 经杜编辑一解释，大家这才明白。
2. 杜先生的这番话竟然触动了不少同事的心事。
3. 说了一大堆，我自己也拿不准了。
4. 孩子除了吃喝等生理需要外，确实有被爱抚、受关注、拥抱、亲吻等需求，这会给孩子一种很安全、很温暖的感觉。
5. 孩子的这些需要并不见得非要通过搂着他睡来获得。
6. 喂奶的时候给以拥抱，在逗孩子玩儿的时候给以拥抱、亲吻、爱抚，都能给孩子以愉快的心理感受。
7. 随着孩子渐渐长大，父母应鼓励孩子多与同龄人接触，而不是死死地把孩子拉在自己身边。
8. 同事问他是怎么回事，杜编辑说："还不是我那女儿！"

七、根据课文回答问题

1. "孩子是最大的第三者！""第三者"指什么？

2. 事实上，年轻父母和孩子同睡的多吗？
3. 孩子需要爱抚，过早地让孩子自己睡，会影响孩子的自信心，对吗？
4. 和孩子一起睡，会不会影响孩子的成长呢？
5. 让孩子独睡会不会对孩子的心理造成不好的影响呢？
6. 孩子究竟从什么时候开始独睡为好？
7. 在你的国家，母婴同睡的多吗？

八、请以"父母陪睡对孩子的消极影响"为题复述课文

九、作文：运用下列词语，写一个小故事（字数要求：150字以上）

提倡，因为，首先，比如，特别是，再说，另外，最后……

十、阅读成语故事，说说它的大意

孟母三迁

战国的时候，有一个很伟大的学问家孟子。孟子小的时候非常调皮，他的妈妈为了让他受好的教育，花了好多的心血呢！

最初，他们住在墓地旁边。孟子就和邻居的小孩一起学着大人跪拜、哭嚎的样子，玩起办理丧事的游戏。孟子的妈妈看到了，就皱起眉头："不行！我不能让我的孩子住在这里了！"

孟子的妈妈就带着孟子搬到市集旁边去住。到了市集，孟子又和邻居的小孩学起商人做生意的样子。一会儿鞠躬欢迎客人、一会儿招待客人、一会儿和客人讨价还价，表演得像极了！孟子的妈妈知道了，又皱皱眉头："这个地方也不适合我的孩子居住！"于是，他们又搬家了。

这一次，他们搬到了学校附近。孟子开始变得守秩序、懂礼貌、喜欢读书。这个时候，孟子的妈妈很满意地点着头说："这才是我儿子应该住的地方呀！"

后来，大家就用"孟母三迁"来表示人应该要接近好的人、事、物，才能学习到好的习惯。

副课文

母婴同睡：不同态度不同观点

世界各地的育儿专家们，对母婴同睡分为支持的和反对的两大派，多年来一直争论不休。这实际上反映了两种不同的育儿观点和家庭文化背景。

不同的专家观点

（1）以孩子要求为中心

妈妈应该时刻关注孩子，让孩子知道妈妈始终在他的身边，产生安全感。提倡母婴同睡是为了满足婴儿的身心要求。夜间育儿的关键不是婴儿该睡在那儿，而是妈妈对宝宝的夜间要求应该如何反应，以及父母对家庭的最佳睡眠安排有多大的灵活性。毫无疑问，这种观点提倡母婴同睡。

（2）以父母指导为主

即使母亲和宝宝都乐意同睡一张床，即使宝宝在大人床上睡得很好，从长远来看，母婴同睡对大人孩子都不利。研究表明，夜间同屋同床睡时，一个人的惊醒或行动往往会吵醒其他人，孩子大人都一样。宝宝单独睡，是他从完全依赖妈妈到逐步独立，变为自主个体的一个重要的成长过程，对儿童早期的心理发展非常重要。

父母的态度

（1）选择母婴同睡的理由

一些妈妈说，她们选择母婴同睡是自然而然的事情。

妈妈是为新生儿所准备的最佳"生存环境"，这其实是不能忽视的重要因素。母婴同睡，能使妈妈在身体和感情上和宝宝更亲近，方便喂奶，减轻妈妈夜间育儿的麻烦和孩子的恐惧。

（2）选择母婴分床睡的理由

研究发现，母婴分床分房睡通常是一些美国父母的选择。

在过去的50年，美国的社会文化提倡婴儿和父母分床睡。父母都准备一个育婴室，里面放一个摇篮床，很多美国父母从未想到母婴同睡。

1990，美国某地进行了一次家庭睡眠安排的调查，303位2～3岁幼儿的父母参加了这项调查。其中，一半以下的幼儿从未在父母的床上睡过，一半以上的孩子偶尔在父母的床上睡过。只有11%的父母说采用母婴同睡的方法，14%的父母说每星期会有几天让孩子睡在自己的床上。

但是，非白人家庭和单身母亲常常和孩子同睡。

美国父母的理由：婴儿在夜间发出声音影响了自己的睡眠；影响了夫妻之间的亲密而不希望母婴同睡；担心母婴同睡有可能使婴儿窒息，或宠坏孩子，使孩子不能独立。

研究者发现，世界上其他国家母婴同睡的比例远远高于美国。一项跨国调查表明：59%的日本孩子每星期和父母同睡至少3次以上。

值得注意的是，近年来，越来越多的美国父母也开始选择"母婴同睡"的睡眠方法，因为亲密育儿、回归自然的观念不断被年轻父母所接受。

在安排孩子的睡眠方式时，父母通常会受上述两种育儿观的影响，不少父母还会在这两种观点之间来回动摇。很多时候，因为各自家庭背景不同，文化不同或者脾气性格和对孩子期望的不同，父母常常会发生意见不一，指责对方。其实，这才是对孩子成长最不利的。只要父母双方能保持意见一致，始终如一，以"孩子要求为中心"和以"父母指导为主"这两种观点都是可取的。重要的是夫妻双方包括长辈之间应该经常保持沟通和讨论，充分发表自己的想法，取得育儿态度的一致。

（资料来源：http://www.ci123.com/article.php/18096，有改动）

第六课 父母陪睡何时了

（一）解释加点词语

1. 世界各地的育儿专家们多年来一直争论不休。
2. 即使母亲和宝宝都乐意同睡一张床，即使宝宝在大人床上睡得很好，从长远来看，母婴同睡对大人孩子都不利。
3. 一些妈妈说，她们选择母婴同睡是自然而然的事情。
4. 不少父母还会在这两种观点之间来回动摇。
5. 父母常常会发生意见不一。
6. 夜间育儿的关键不是婴儿该睡在哪儿。
7. 宝宝单独睡，是他从完全依赖妈妈到逐步独立……
8. 这其实是不能忽视的重要因素。

（二）回答问题

1. 世界各地的育儿专家们对母婴同睡分为哪两大派？
2. 以孩子要求为中心的专家提倡什么？
3. 父母选择母婴同睡的理由有哪些？
4. 父母选择母婴分床睡的理由是什么？

第七课 65岁学开车——我最开心的事

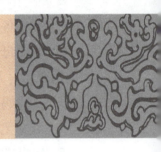

自从公安部对公民考驾驶证的年龄限制放宽至70岁后,丈夫就鼓励我去学车。他说:"时代给你机会,如果不抓住,以后后悔也来不及。"于是,2003年底,我到公交驾校报名学车。我一进报名室,就引起很多人的注意。有的人以为我是工作人员,有的以为我是送孩子来学车的。当他们知道我也是来学车的时候,都猜测我的年龄:50岁?56岁?我告诉他们我已经65岁了,他们有的惊讶,有的怀疑,有的低声说"神经病",也有的赞叹不已。

公交驾校为了照顾老年人学车,专门成立了老年组。2004年2月,我进入驾校专门为老年人开设的训练场学习。老年组学员年龄最大的70多岁,最小的也有50岁。为了让老年人学懂学会,老年组实行不计时、学会为止的宽松条件,甚至在驾校的班车上也专门设立老年人专座。有时候人多车挤,工作人员就把自己的座位让给老年人。

到这里学车的老年人来自全国各地,他们曾经是教授、将军、医生、老板等等各种身份。但是大家有共同的特点:人老了,腿脚不灵活、手脑配合不协调。往往年轻人学两三遍就会的动作,我们老年人要学几十遍。教练们为了教会我们,想出了不少新点子,手把手地教。

老年人除了技术上难掌握,还有自己的特点:有的老年学员过去是领导，习惯给别人下命令，爱摆架子、发脾气。教练总是耐心安慰，我从来没听到他们对老年学员说过一句难听的话。我问教练为什么不生气，教练说："老年人已经辛苦了一辈子，他们学车是一种乐趣和享受，所以我们一定要理解老年人的心思和想法，让他们愉快地学习。"

经过一个多月的练习，我参加了桩考。第一次，我顺利完成了贴库、移库的动作，但是倒库没有成功，撞了右杆。我冷静地想了想，撞杆说明打轮晚了。于是在第二次，我吸取上一次的经验教训，倒库时提前打轮，成功地完成了动作。只听到电子考官一声命令："考试合格，请下车！"

这时候，我听到待考室里传来掌声。我刚走进去，等待考试的学员们又一次给我热烈鼓掌，很多从来没有见过面的学员也跑过来跟我握手，向我表示祝贺。我活了60多岁，还是第一次见到这样的场面，激动地连连向大家道谢。我去考官那里签字办手续，工作人员连连说："考得真精彩！"考官也笑眯眯地说："学得不错。"

桩考成功，是我一生最快乐的事情。

5月底，我拿到了驾驶证。为了安全上路，我请公交驾校的领导帮忙，请了个陪练的司机再熟悉一下路况。有一天，车停在海航第一招待所门前，刚下过雨，车身满是泥水。我利用教练去吃饭的工夫，帮他擦擦车。这时候，从招待所走出一位海军军官，一直看着我擦车。我心想：擦车有什么好看的？我看看他，他还是盯着我，弄得我倒有些不好意思了。

这时教练走过来，军官就问教练："这个老太太家里很困难吧？她擦一次车，你给她多少钱？"教练笑道："你以为大妈在打工吗？她是学开车的，我是陪她练车的。我不但不给她钱，还要收费呢。"海军军官吃惊地对我说："您真的会开车？敢上路吗？"

我把驾驶本拿出来给他看。这时,从招待所里走出几十个军官,他们都好奇地看着我,先来的军官对他们说:"这位老太太会开车!"大家都向我投来惊奇的目光。我心想:一定要冷静。我慢慢地开动了汽车。这时,我听到车外响起一阵掌声。我开了一圈,掉头回来,他们还在原地,有的敬礼,有的向我招手……

过后,门口的保安告诉我:"那些海军军官都是来自全国的海军部队的代表,到北京开会的。看到老太太开车都觉得很了不起,所以他们都向您敬礼。"我想,老年人开车在外国可能是常见的,但是在我们国家还是新鲜事儿,而老年人开车上路更是少见,所以大家看到我才这么敬佩吧。

(据赵玉英《65岁学开车——我最开心的事》,《老人天地》2005年第8期)

生词

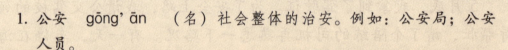

1. 公安 gōng'ān (名)社会整体的治安。例如:公安局;公安人员。
2. 公民 gōngmín (名)某一个国家的人民。例如:"公民的合法财产受法律保护。"
3. 引起 yǐnqǐ (动)一种事情、现象、活动使另一种事情、现象、活动出现。例如:"很多社会问题是由经济问题引起的。"
4. 怀疑 huáiyí (动)疑惑;不相信。例如:"他用怀疑的眼光看着我。"
5. 神经 shénjīng (名)把中枢神经系统的兴奋传递给各个器官,或把各个器官的兴奋传递给中枢神经系统的组织,是由许多神经纤维构成的。例如:"街上的噪音使她神经紧张。"

6. 赞叹　zàntàn　（动）称赞。例如："演员高超的演技令观众赞叹不已。"

7. 开设　kāishè　（动）设置（课程）。例如："今年学院开设了一些文化课程。"

8. 教授　jiàoshòu　（名）高校中职别最高的老师。例如："他是这家医院的主治医生，又是本地医学院的医学教授。"

9. 将军　jiāngjūn　（名）将级军官；也泛指高级将领。例如："将军的级别比上尉高。"

10. 身份　shēnfèn　（名）指自身所处的地位。例如："警察让他出示身份证。"

11. 协调　xiétiáo　（形）配合得适当。例如："他是个优秀的运动员，他所有的动作都非常协调。"

12. 架子　jiàzi　（名）自高自大、装腔作势的作风。例如："他没有一点明星架子，对每个人都很和气。"

13. 辈　bèi　（名）人的一世或一生。例如："你能一辈子都不工作吗？"

14. 心思　xīnsi　（名）念头，想法。例如："你是他最好的朋友，你肯定知道他的心思。"

15. 桩　zhuāng　（名）桩子。例如："他向地里打了一根桩。"

16. 倒　dào　（动）使（车）向后退。例如："她倒车时撞到了一棵树。"

17. 倒库　dào kù　（动）倒车使车停车入位。例如："她桩考时第一次倒库没有成功，撞了右杆。"

18. 吸取　xīqǔ　（动）吸收采取。例如："人们可以从这个故事中吸取经验教训。"

19. 电子　diànzǐ　（名）构成原子的基本粒子之一。例如："这是一家巨大的电子产品市场，里面有各款电子产品。"

20. 合格　hégé　（形）符合标准。例如："质量不合格的产品不能进行销售。"

21. 掌声　zhǎngshēng　（名）鼓掌的声音。例如："他的精彩演讲赢得了听众的阵阵掌声。"

22. 场面　chǎngmiàn　（名）一定场合下的情景。例如："我只在特殊场合穿高跟鞋。"

23. 签字　qiān zì　（离）写上名字。例如："请您在这份文件上签字。"

24. 笑眯眯　xiàomīmī　（形）状态词。形容微笑时眼皮微微合拢的样子。例如："他整天笑眯眯的，好像从来没有烦恼。"

25. 军官　jūnguān　（名）被授予尉官以上军衔的军人的统称。例如："这位年轻的军官被提升为上尉。"

26. 盯　dīng　（动）把视线集中在一点上；注视。例如："他目不转睛地盯着那位刚进屋的漂亮姑娘。"

27. 倒　dào　（副）表示跟意料相反。例如："本想省事，不想倒更费事了。"

28. 吃惊　chījīng　（形）受惊。例如："看到他在这里，我感到很吃惊。"

29. 好奇　hàoqí　（形）对自己所不了解的事物觉得新奇而感兴趣。例如："好奇是儿童的天性。"

30. 惊奇　jīngqí　（形）觉得很奇怪。例如："我们对她做出这个决定感到惊奇。"

31. 冷静　lěngjìng　（形）沉着而不感情用事。例如："在面临危险的时候，我们应该始终保持冷静。"

32. 保安　bǎo'ān　（名）保卫治安（的人员）。例如："这个社区的保安人员十分敬业。"

33. 敬佩　jìngpèi　（动）敬重佩服。例如："他的高尚行为深受大家的敬佩。"

注释

1. 驾校　jiàxiào　培训驾驶汽车等的学校。

2. 海航　Hǎiháng　"海南航空公司"的简称。

3. 招待所　zhāodàisuǒ　机关、厂矿等所设接待宾客或所属单位来往人员住宿的处所。

语言点

（一）有

连用两个或更多"有"，表示几部分合起来有时可以表示全部。"有"后有时加"的"。例如：

(1) 有的人以为我是工作人员，有的以为我是送孩子来学车的。
(2) 有的地方雨大，有的地方雨小。

（二）手把手

指非常细心地、亲手传授知识或技能。例如：

(1) 教练们为了教会我们，想出了不少新点子，手把手地教。
(2) 我的一手毛笔字，是爸爸手把手地教出来的。

（三）连

副词，连续。动词后面常有数量短语。例如：

(1) 我们连发了三封信去催。
(2) 工作人员连连说："考得真精彩！"

只修饰单音节动词。双音节动词前用"接连、连着、一连"。例如：

(1) 接连（连着）演出了一个月。
(2) 一连整理了三天。

（四）近义词辨析

惊奇　惊讶

这两个词都是形容词，都有感到很奇怪的意思。区别在于语义的轻重程度和着重方面不同。"惊讶"常用于口头语体。"惊奇"在口头语体与书面语体都常用，比"惊讶"更强调"奇"字，更突出奇怪的意思。例如：

(1) 将士们前来探望她，这才惊讶地发现，昔日英勇善战的花将军，竟是位文静俊美的姑娘。

(2) 大家对他的学识感到惊奇。

练习

一、熟读并抄写下列词语

驾驶　　吸取　　惊讶　　怀疑　　赞叹
教授　　协调　　敬佩　　冷静　　掌声

二、解释下列句子中的加点词语

1. 丈夫就鼓励我去学车。
2. 他们有的惊讶，有的怀疑，有的低声说"神经病"，也有的赞叹不已。
3. 人老了，腿脚不灵活、手脑配合不协调。
4. 教练们为了教会我们，想出了不少新点子。
5. 我心想：一定要冷静。
6. 老年组实行不计时、学会为止的宽松条件。
7. 教练总是耐心安慰。
8. 老年人开车上路更是少见，所以大家看到我才这么敬佩吧。

三、根据课文内容选词填空

抓　注意　报名　鼓励　宽　后悔

自从公安部对公民考驾驶证的年龄限制放_____至70岁后，丈夫就_____我去学车。他说："时代给你机会，如果不_____住，以后_____也来不及。"于是，2003年底，我到公交驾校_____学车。我一进报名室，就引起很多人的_____。

四、选择适当的词语填空

> 惊奇　　惊讶　　好奇

1. 科学家_____地发现植物可以改变自身遗传密码。
2. 一年不见,我_____于她的巨大变化。
3. 这个三岁的小男孩第一次去超市,对什么都很_____,东摸摸西碰碰,觉得有趣极了。
4. _____心强的孩子往往知道的比较多,因为他经常开口问。

> 赞叹　　感叹

5. 看着年轻时的照片,老人不由地_____:"时间过得真快啊!"
6. 演员高超的技艺,令人由衷地_____。

> 冷静　　冷清　　清静

7. 面对这突如其来的洪水,他很_____,下床抱起孩子就往屋子外的山上跑。
8. 他刚刚还在嫌这地方不_____,现在又突然说觉得有点_____。

五、完成下列短语

1. 填入宾语

放宽（　　　　）　　抓住（　　　　）　　引起（　　　　）

吸取（　　　　）　　熟悉（　　　　）　　掌握（　　　　）

2. 填入动词

（　　）命令　　（　　）架子　　（　　）脾气　　（　　）手续

3. 填入中心语

宽松的（　　　　）　　惊奇的（　　　　）　　热烈地（　　　　）

耐心地（　　　　）　　愉快地（　　　　）　　冷静地（　　　　）

六、运用下列句子中的加点结构造句

1. 自从公安部对公民考驾驶证的年龄限制放宽至70岁后，丈夫就鼓励我去学车。
2. 我一进报名室，就引起很多人的注意。
3. 我告诉他们我已经65岁了，他们有的惊讶，有的怀疑，有的低声说"神经病"，也有的赞叹不已。
4. 教练们为了教会我们，想出了不少新点子，手把手地教。
5. 刚下过雨，车身满是泥水。
6. 时代给你机会，如果不抓住，以后后悔也来不及。
7. 老年组实行不计时、学会为止的宽松条件，甚至在驾校的班车上也专门设立老年人专座。
8. 教练总是耐心安慰，我从来没听到他们对老年学员说过一句难听的话。
9. 看到老太太开车都觉得很了不起，所以他们都向您敬礼。
10. 我活了60多岁，还是第一次见到这样的场面，激动地连连向大家道谢。

七、根据课文回答问题

1. 你知道你的国家对老人学车年龄的限制吗？
2. 在你的国家，老人开车的多吗？

八、请以"我学车的故事"为题复述课文

九、作文：运用下列词语，写一个小故事（字数要求：150字以上）

限制，鼓励，机会，后悔，来不及，注意，猜测，惊讶，怀疑，赞叹，敬佩，好奇，曾经，协调，掌握，来自……

十、阅读下面的短文，说说它的大意

春捂秋冻　不生杂病

"春捂秋冻，不生杂病"，的确值得人们借鉴。

春捂，是指在早春，寒流仍常常袭来，天气乍暖还寒，变化无常。正如人们所说："立了春，别欢喜，春来，春寒还有四十五（天）。"一般来说，北方总要到清明前后，天气才明显暖和起来，春风拂面，杨柳吐绿，人们才完全脱去冬装。南方的春天虽然来得早一些，受寒冷的影响要小一些，但气温也常有变化，不时出现春寒。所以说，整个春季，应该适当多穿一些衣服，防寒保暖。这就是春捂的道理。

秋冻，指立秋后天气转凉，不要急于增添过多的衣服，以免天气转暖，热得出汗，又脱去衣服，这样一穿一脱，搞不好容易使人着凉生病。

另外，人们要有"春捂秋冻"的意识，逐渐适应天气变化，增强神经系统的调节作用，提高皮肤的抗寒和耐热功能，从而提高人体的抵抗力，减少疾病的发生。

（据《健康时报》2003年3月13日第六版）

副课文

"空巢"离"爱巢"有多远

乡村老家屋前的树上，有一个巨大的鸟窝。其中两只大鸟辛辛苦苦地养育着一窝小鸟。有一天，鸟窝突然安静了，老鸟仍然在，小鸟却已飞走，窝里冷冷清清的……原来，小鸟翅膀硬了，飞了，走了，不再回父母窝了。空空的鸟巢里，原本热闹的气氛似风一样吹走，只有两只很少活动的老鸟相互安慰，令人感到无比的可怜。

这是自然界的"空巢"；人类社会也有类似的现象。人类社会的"空巢"，是指老年人经常性地数日数月苦守空房，或老年夫妇相依为命及精神孤寂。所谓"空巢"老人，是指身边无子女、又无他人照顾的老人。比如，国庆长假，两口、三口之家高高兴兴地出游；都市楼群中，一个个老人或一对对老年夫妇又开始了节日"空巢"生活……而长达数年或几十年的老人"空巢"生涯，则更让人感到悲哀。

目前，这些被称为"空巢"老人的特殊群体的数量和比例正以前所未有的速度增长。据最新统计，全国1.3亿老人中，独居"空巢"的就有4000万之多。

许多"空巢"老人常常是"出门一把锁，进门一盏灯"，最需要经济、医疗和生活三方面的保障。此外，他们还有着"空巢感"。空巢感即孤独感，但这种孤独感里又有思念和无助等复杂的感情。有空巢感的老人，大都很少出门，也很少与社会交往。

专家分析其原因，一是对退休后的生活变化不适应，不知该做些什么、怎么与社会交往；二是对子女情感依赖性强。这些老人向来有"养儿防老"的传统思想，等到真正需要子女照顾时，儿女却不在身边，因此产生强烈的失落感，产生自悲、自怜等情感；三是心情不好，行为退缩，对生活失去了兴趣，没有计划晚年美好生活的信心和勇气。

另一方面，子女对独居老人缺少关心的情况也是普遍存在的现象。2004年4月上海进行的一项调查显示：居住在浦东新区的1105位独居老人，没有得到子女应有的关心：有7.96%的老人，即88位老人是无人看望或打电话的；有256位老人的子女是每月看望1次以上或是打电话给老人，占调查总数的23.17%；有501位老人的子女是每周1次以上去看望老人或打电话给老人的，占调查总数的45.34%；只有260位老人的子女是每天去看望老人或打电话给老人。

（据李克《"空巢"离"爱巢"有多远》，《人民论坛》2004年第10期）

（一）解释加点词语

1. 令人感到无比的可怜。
2. 人类社会也有类似的现象。
3. 老年人经常性地数日数月苦守空房或老年夫妇相依为命。
4. 这些被称为"空巢"老人的特殊群体的数量和比例正以前所未有的速度增长。
5. 空空的鸟巢里，原本热闹的气氛似风一样吹走。
6. 所谓"空巢"老人，是指身边无子女，又无他人照顾的老人。
7. 此外，他们还有着"空巢感"。
8. 这些老人向来有"养儿防老"的传统思想。

（二）回答问题

1. 在你的国家老人的生活状况如何？
2. 课文中所说的"空巢"现象您的国家有吗？
3. 如何让"空巢"变成"爱巢"？请谈谈你的看法。

第八课　一地幸福的鸡毛

21岁那年,我从师范大学毕业分到一所乡村中学当教师。村子位于大山间,这里风景秀美,人人友好可亲,可惜没有图书馆,没有舞厅酒吧,也没有谈诗论画的朋友。不出两个月,就觉得自己已远离文明。开学两个月后,办公桌才做好送来。我工作了一天,两只手臂上竟然长满了红色的斑点,又痒又痛。

我去医务室看医生,医生说:"你这是漆过敏,没什么特别的药可治,过些日子自然会好的。"我只好回学校去,心情更加沉重了。

第二天下午走进教室,却见讲台上摆满了瓶瓶罐罐。一群学生涌上来对我说:"老师,我妈妈说涂上这个可以止痒!""老师,我奶奶说把这个贴在手臂上就好了!""老师,我大姨说喝了这药一天就好……"

我还没来得及说声谢谢,教室里竟然飞满了鸡毛,十几个学生满教室追着鸡毛跑。

"你们干什么!"我把书重重地摔在讲桌上,才涌上心头的感动被这满教室飞舞的鸡毛赶得一干二净。

教室里一下子安静下来,一双双大眼睛吃惊地盯着我。

"是谁把鸡毛弄到教室里来的?"我生气地看着正悄悄溜回座位的学生。

"是张浩!"几个学生争着说。

坐在第一排、长着一张圆脸的张浩立刻红着脸低下了头。

"你带鸡毛到学校来干什么?"

张浩还没开口回答呢，门外突然传来一声喊叫："老师啊——"我转头一看，只见张浩的奶奶一脸悲伤，手里拎着一只拔光毛的大母鸡站在门口。

开学以来常有这样的事：讲台上你正讲得起劲儿，窗外门口会突然传来如雷的喊声："山娃，把钥匙给老子扔出来！""二妹，下雨了，妈把伞放在这儿了！"这所学校就是这样：校门大开着，任何人、任何时候都可以进来。

张奶奶把鸡抱在怀里，对我说道："今天中午张浩一回来就让我杀鸡，我说这只鸡正下蛋不能杀。他哭了一阵子，我以为这事就算了，可刚才我去鸡窝捡鸡蛋，一看，鸡竟然成了这个样子！"说着，张奶奶生气地冲张浩喊道："张浩，你出来，我今天非叫你老子揍你！"

我有点儿恶心地看着那只拔光毛的鸡，皱起了眉，向她挥挥手说："张奶奶，您回家再教训他，我们现在要上课。"然后将她请出门外。

我对张浩说："下课后把鸡毛捡干净，今天教室的卫生也由你搞！"

放学后，我坐在办公室备课。刚写了两行字，门口就涌满了学生。我问道："还不回家，在这儿干什么？"

"老师，张浩在哭，哭得好伤心哟！"

我叹了口气，起身回到教室一看，果然，张浩边捡鸡毛边呜呜地哭个不停。

"你还挺委屈的！再怎么说你也是个中学生了，想吃鸡，奶奶不杀，你就那样做？"

"谁说我要吃鸡了！"张浩哭得更凶了。

我奇怪地看着他："那你拔鸡毛干吗？"

张浩边哭边说："我听爷爷说，把母鸡的羽毛泡在开水里，用那水涂在老师的手臂上，能治漆过敏……"

我愣住了，好一会儿才抑制住涌上来的泪，拍拍张浩的肩膀："对不起，老师错怪你了……"我蹲下身，一根一根地捡拾满地的鸡毛，身边的学生也一个个弯下了腰……

晚上，我把手臂泡在满是鸡毛的热水里，忍着难闻的味道一次次洗着手臂上的红斑。同宿舍的女老师笑着说："你还真信呀！"

"不试怎么知道有没有效果？"今天经历的一切，让我心里有说不出的感动，我幸福地叹口气说："单是学生的爱心就会感动老天让我快快好起来……"话音未落，门外响起了敲门声。

开门一看，是张浩和他奶奶。张奶奶一见我，忙把提着的保温瓶塞到我手里："老师，我听浩娃说了，他做得对，我不该说他……您快趁热吃，才炖好的！"

我看看手里的保温瓶："这是……"

张浩抢着说："是那只大母鸡嘛，奶奶说，别说是鸡毛，早晓得老师有病，昨天就该把鸡炖了给老师送来……"

"我……我不过是皮肤过敏，医生说……"话没说完，我的泪流出了眼眶。

（据刘华《一地幸福的鸡毛》，《教师博览》2005年第7期）

生词

1. 位于　wèiyú　（动）位置处在（某处）。例如："中国位于亚洲大陆东南部。"
2. 斑点　bāndiǎn　（名）在物体表面上显露出来的另一种颜色的点子。例如："长颈鹿全身有黄褐色或黑色的斑点。"

3. 痒　yǎng　（动）皮肤受到轻微刺激时引起的想挠的感觉。例如："我的头皮总是很痒，不知是不是皮肤问题。"

4. 漆　qī　（名）一种涂料。例如："漆有各种颜色。"

5. 过敏　guòmǐn　（名）有机体对某些药物或外界刺激的感受性不正常地增高的现象。例如："他不能喝酒，因为他对酒精过敏。"

6. 沉重　chénzhòng　（形）程度深。例如："父亲的去世对他是个沉重的打击。"

7. 罐　guàn　（名）罐子。盛东西用的大口器皿，多为陶器或瓷器。

8. 一干二净　yìgānèrjìng　（成）形容十分彻底，一点儿也不剩。例如："我们把妈妈包的饺子吃了个一干二净。"

9. 溜　liū　（动）滑行，（向下）滑。例如："他从滑梯上溜下来。"（动）偷偷地走开。例如："别让小偷溜了。"

10. 拎　līn　（动）提。例如："他拎了个木桶到河边去打水。"

11. 讲台　jiǎngtái　（名）在教室或会场的一端建造的高出地面的台子，讲课或讲演的人站在上面。例如："七尺讲台。"

12. 起劲（儿）　qǐjìn(r)　（形）（工作、游戏等）情绪高、劲头大。例如："他讲得正起劲呢，小王插嘴打断了他。"

13. 怀　huái　（名）胸部，胸前。例如："他把自己的座位让给了一个怀抱婴儿的妇女。"

14. 冲　chòng　（介）对着，朝着。例如："他回过头来冲我笑了笑。"

15. 揍　zòu　（动）打（人）。例如："你怎么能随便揍人呢？"

16. 恶心　ěxīn　（动、形）有要呕吐的感觉。例如："他恶心得吐了一地。"

17. 皱　zhòu　（动）起皱纹。例如："他眉头一皱，计上心来。"

18. 眉　méi　（名）眉毛。例如："她的眉毛长得很好看。"

19. 呜　wū　（象）象声词。例如："呜的一声，一辆汽车开了过去。"

20. 凶　xiōng　（形）厉害。例如："他们俩最近吵得很凶，快要闹离婚了。"

21. 泡　pào　（动）较长时间地放在液体中。例如："下班以后，他习惯把双脚泡在热水中，以消除疲劳。"

22. 抑制　yìzhì　（动）控制；压下去。例如："她抑制不住内心的喜悦，微笑起来。"

23. 肩膀　jiānbǎng　（名）人的胳膊和身体相连的部分。例如："男人的肩膀很结实。"

24. 忍　rěn　（动）抑制某种感觉或情绪而不表现出来。例如："他忍着疼痛跑完了全程，取得了第二名的好成绩。"

25. 保温瓶　bǎowēnpíng　（名）一种可以在较长时间内保持瓶内温度的日常用品。例如："我去超市买了一个保温瓶。"

26. 趁　chèn　（介）表示利用时间、机会或条件。例如："咱们还是趁早走吧，免得来不及。"

27. 炖　dùn　（动）烹调方法，加水用文火久煮使烂熟（多用于肉类）。例如："小鸡炖蘑菇是有名的东北菜。"

28. 眼眶　yǎnkuàng　（名）眼睛周围的部位。例如："想起自己那已经去世的母亲，他眼眶红了。"

语言点

（一）一

有时"一"表示"全、满"的意思。例如：

（1）一地幸福的鸡毛。

（2）她一脸幸福的微笑。

（二）位于

位置处在某处。和"距"相呼应时，位置更确切。例如：

（1）中国位于亚洲大陆东南部。

（2）博物馆位于市中心，距我们学校大约20公里。

（三）出

"超过、超出"的意思。可带"了、过"，也可带表示范围、时间的名词宾语。例如：

(1) 不出两个月，就觉得已被文明遗忘。

(2) 考题不会出这个范围。

（四）边……边……

两个或几个"边"放在动词前连用，表示几个动作同时进行。也说"一边……一边……"。例如：

(1) 张浩边捡鸡毛边呜呜地哭个不停。

(2) 公司要求我利用假期一边旅行一边考察。

（五）别说

连词，用于表示让步的复句。先把某一人或事物往低处说，借以突出另外的人或事物。

1. 用于前一小句，后一小句常用"即使（就是）……也……"或"（就）连……也……"。例如：

(1) 别说是鸡毛，早晓得老师有病，昨天就该把鸡炖了给老师送来。

(2) 别说是你了，就是我们旁观的都觉得气愤。

2. 用于后一分句，句尾多用"了"。前一分句常用"都、也"。

(1) 这种动物我连听也没听说过，别说见过了。

(2) 这件事他连自己的亲人都没告诉，别说是你我了。

注意：

"别说"有时是"副词+动词"，意思是"不要说（话）"，不是连词。例如：

(1) 别说了，我知道了。

练习

一、熟读并抄写下列词语

过敏　　特别　　　自然　　　感动　　吃惊　　悄悄
眼眶　　起劲　　　皱眉　　　教训　　委屈　　错怪
风景秀美　　　友好可亲　　　谈诗论画　　　一干二净

二、解释下列句子中的加点词语

1. 你这是漆过敏，没什么特别的药可治，过些日子自然会好的。
2. 我妈妈说涂上这个可以止痒。
3. 才涌上心头的感动被这满教室飞舞的鸡毛赶得一干二净。
4. 手里拎着一只拔光毛的大母鸡站在门口。
5. 我今天非叫你老子揍你。
6. 话音未落，门外响起了敲门声。
7. 老师，我听浩娃说了，他做得对，我不该说他……您快趁热吃，才炖好的！
8. 奶奶说，别说是鸡毛，早晓得老师有病，昨天就该把鸡炖了给老师送来。

三、根据课文内容选词填空

出　秀美　当　毕业　远离　位于　友好

21岁那年，我从师范大学_____分到一所乡间中学_____教师。村子_____大山间，这里风景_____，人人_____可亲，可惜没有图书馆，没有舞厅酒吧，也没有谈诗论画的朋友。不_____两个月，就觉得自己已_____文明。

抑制　蹲　捡拾　一个个　错怪　泡　洗

我愣住了，好一会儿才_____住涌上来的泪，拍拍张浩的肩膀："对不起，老师_____你了……"我_____下身，一根一根地_____满地的鸡毛，身边的学生也_____弯下了腰……

晚上，我把手臂_____在满是鸡毛的热水里，忍着难闻的味道一次次_____着手臂上的红斑。同宿舍的女老师笑着说："你还真信呀！"

四、完成下列短语

1. 请填写谓语

风景（　　　）　　心情（　　　）　　皮肤（　　　）

2. 请填写宾语

远离（　　　）　　抑制（　　　）　　捡拾（　　　）

3. 请填写动词

吃惊地（　　　）　　奇怪地（　　　）　　幸福地（　　　）

4. 请填写补语

哭了（　　　）　　哭得（　　　）　　哭个（　　　）　　讲得（　　　）

5. 请填写量词

一（　　　）乡村中学　　两（　　　）手臂　　十几（　　　）学生
一（　　　）大眼睛　　一（　　　）圆脸　　一（　　　）喊叫

五、运用下列句子中的加点结构造句

1. 再怎么说你也是个中学生了。
2. 好一会儿才抑制住涌上来的泪。
3. 我不过是皮肤过敏。
4. 单是学生的爱心就会感动老天让我快快好起来。
5. 今天经历的一切，让我心里有说不出的感动。

六、用指定词语完成句子

1. 我正在教室里安静地复习功课，_____。（突然）
2. 我正要出门，_____。（突然）
3. 现在还没到冬天，_____。（竟然）
4. _____！我还以为你不来了呢。（竟然）
5. 看到老师走进教室，_____。（一下子）
6. 听到这个坏消息，_____。（一下子）

七、根据课文回答问题

1. "不出两个月，就觉得自己已远离文明。"这句话是什么意思？
2. "我"两只手臂上为什么长满了红色的斑点？
3. 教室里的鸡毛哪里来的？
4. 这是一个什么样的学校？
5. 奶奶为什么不让杀鸡？
6. 张浩要鸡毛做什么？
7. 你喜欢"一地幸福的鸡毛"这个故事吗？说说你读完这个故事的感想。

八、请以"我和学生的故事"为题复述课文

九、作文：运用下列词语，写一个小故事（字数要求：150字以上）

风景秀美，山村小学，老师，学生……

十、阅读成语故事，说说它的大意

杞人忧天

从前在杞（qǐ）国，有一个胆子很小而且有点神经质的人，他常会想到一些奇怪的问题，而让人觉得莫名其妙。有一天，他

吃过晚饭以后,拿了一把大蒲扇,坐在门前乘凉,并且自言自语地说:"假如有一天,天塌了下来,那该怎么办呢?我们岂不是无路可逃,而将活活地被压死,这不就太冤枉了吗?"

从此以后,他几乎每天为这个问题烦恼,朋友见他终日精神恍惚,脸色憔悴,都很替他担心,但是当大家知道原因后,都跑来劝他说:"老兄啊!你何必为这件事自寻烦恼呢?天空怎么会塌下来呢?再说即使真地塌下来,那也不是你一个人忧虑发愁就可以解决的啊,想开点吧!"可是,无论人家怎么说,他都不相信,仍然时常为这个不必要的问题担忧。后来的人就根据上面这个故事,概括成"杞人忧天"这句成语,它的主要意义在唤醒人们不要为一些不切实际的事情而忧愁。它与"庸人自扰"的意义大致相同。

副课文

支教明星徐本禹的故事

徐本禹,一个听起来并不容易让人记住的名字,一度是网络最为引人关注的"支教明星"。

2003年7月15日,已考取研究生并被保留两年资格的他,从华中农业大学来到贵州省大方县猫场镇狗吊岩为民小学做免费的乡村教师。而当地农民人均年收入仅600余元。为民小学的校舍也是半山腰的一个山洞,当地人称其为"岩洞小学"。

2002年暑假,徐本禹曾和另外4位华中农大的同学一起来到这里支教,孩子们求知的眼神让他震撼,他答应孩子们,毕业后到这里支教两年。

这里是一个封闭的信息孤岛,不通公路,不通电话,晚上靠油灯照明,连寄一封信也要走18公里山路才能找到邮局。支教期间，徐本禹曾回到母校做了一场报告。他在台上讲的第一句话是："我很孤独，很寂寞，内心十分痛苦，有几次在深夜醒来，泪水打湿了枕头，我快坚持不住了……"学生们沉默了。许多人的眼泪夺眶而出。

报告会后，他又返回了狗吊岩村，每天走山路去给孩子们上课。

2004年2月29日，大方县领导到贵阳接徐本禹。在车上，领导希望他能充分发挥自身优势，为西部经济的发展创造条件。这次谈话让徐本禹意识到，在支教的同时，应利用自己的学识为当地经济的发展做点事情。大水乡大石小学的办学条件更差，学生更需要帮助，而且当地政府很重视教育和经济的发展。

2004年8月，他决定离开狗吊岩，来到大水乡大石村。狗吊岩为民小学的创办者吴先生认为："徐本禹的离开不仅伤害了我的感情，而且还伤害了孩子们的感情。因为他答应要在狗吊岩待两年，要带一个年级的学生升入初中。"

吴先生尤其感到失落的是，很多志愿者和捐赠物资都是追随徐本禹的，徐本禹走到哪儿，志愿者和捐赠物资就走到哪儿。"为民小学能办一天算一天，即使倒闭，我也无可奈何。"

据大水乡政府统计，到2004年8月末，共有36名志愿者在大水乡支教或考察。受捐赠的小学生达188人，捐助资金13760元。大石村小学的修建工作也马上就要开始了……

徐本禹在逐渐为人所知的同时，也在网上引起了一场非常热烈的讨论，有的人赞成，有的人反对，有的人则不以为然。有网友如此评论："国家花了数万元培养出一个品学皆优的学生，如果单纯以经济学观点来计算，徐放着研究生不读，跑到那么贫困的地方去干一个民办教师的工作，本人得不到高于投入的经济回报，国家也得不到高于投入的经济回报，显然是不划算的，是不合经济学之理的。"

（资料来源：http://www.sooxue.com/Html/20041222164622-1.asp，有改动）

（一）解释加点词语

1. 这里是一个封闭的信息孤岛，不通公路，不通电话。
2. 许多人的眼泪夺眶而出。
3. 吴先生尤其感到失落的是，很多志愿者和捐赠物资都是追随徐本禹的。
4. 即使倒闭，我也无可奈何。
5. 有的人赞成，有的人反对，有的人则不以为然。
6. 孩子们求知的眼神让他震撼……
7. 领导希望他能充分发挥自身优势，为西部经济的发展创造条件。
8. 如果单纯以经济学观点来计算。

（二）回答问题

1. 徐本禹是谁？
2. 他在哪里支教？支教是什么意思？
3. 徐本禹给狗吊岩学校带来什么？
4. 你会去西部支教吗？为什么？

第三单元
历史文化篇

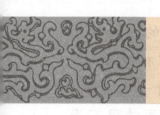

第九课 乔家大院

乔家大院位于山西省晋中地区祁县城东北12公里处的乔家堡村，距太原64公里。大院始建于清乾隆二十年（公元1756年），其主人是清中期山西著名大商人乔致庸。乔家自乔致庸的祖父乔贵发在包头经商发迹，到乔致庸一代，达到极盛，商号名"在中堂"，主要经营粮、茶、钱、当四大行，号称"汇通天下"，资产超过白银1000万两。以后有两次扩建，一次重修。从始建到最后建成现在的格局，中间经过近两个世纪。虽然时间跨度很大，但后来的扩建和增修都能按原先的构思进行，使整个大院风格一致，浑然一体。

整个大院占地8724多平方米，建筑面积3870平方米。共分6个大院，19个小院，房屋313间。四周外墙高达10米，厚达1米，从高处往下看，大院是一座全封闭城堡式的建筑群，整体为双"喜"字型布局，建筑在总体布局上非常符合封建社会所谓"内外有别，长幼有序"的伦理道德观。所有院落都是正偏结构，正院为主人居住，偏院则是客房、仆人住房和厨房。在建筑规模上也有等级差别，偏院较为低矮，正院则相对高大。屋顶结构，正院为瓦房出檐，偏院则是平顶式。再加上更楼、眺楼点缀其间，使整个建筑群体高低错落，屋顶形式变化多姿，极富韵律之美。

入大门后，全院以一条平直甬道将六幢大院分隔两旁，北面有三个大院，均为三进院，南北正房、东西厢房均为五间。外院东西厢房均为三间。里外院之间，有穿心厅相连。南面三个大院都是二进四合院，进门为台阶式门楼。南北六院，院中有院，各不相同。所有院落无不造型精巧，匠心独具。院内砖雕，以人物典故、花卉鸟兽、琴棋书画为题材，各具风采。

乔家大院大门坐西向东，为拱形门洞，上有高大的顶楼，顶楼正中悬挂着山西巡抚赠送的蓝底金字匾额，上书"福种琅环"四个大字。黑漆大门扇上装有一对大铜环，并镶嵌着一副对联："子孙贤，族将大；兄弟睦，家之肥。"与大门相对的是砖雕百寿图照壁，上面刻有100个形态各异的篆书"寿"字。字里行间透露着乔家主人的希望和追求。

乔家大院之所以远近闻名，不仅在于它高大壮观，更重要的是因为它那精湛的建筑艺术。它代表了我国清代至民国初年的建筑风格，因而被许多建筑专家誉为"北方民居建筑的一颗罕见的明珠"。1986年，祁县将乔家大院辟为祁县民俗博物馆，包括以岁时节令、衣食住行、婚丧礼仪、农商活动为主题的42个展室，2000余件展品。仅古字画一项，就达500件，而且为唐、五代、宋、元、明、清不同风格不同时代的名作，多属珍品。整个博物馆较系统地反映了明清时期山西晋中一带的民间风俗。由张艺谋执导、巩俐主演、红极一时的影片《大红灯笼高高挂》，就是在乔家大院拍摄的。

（据李军《新中华旅游百科》，吉林人民出版社，1999年）

生词

1. 堡 bǔ （名）堡子。多用于地名。例如：吴堡；柴沟堡。
2. 经商 jīngshāng （动）经营商业。例如："他近年来经商挣了不少钱。"

3. 发迹　fājì　（离）指人变得有钱有势。例如："他后来经商发迹，成了那个地方的名人。"

4. 格局　géjú　（名）结构和格式。例如："这篇文章写得很乱，简直不成个格局。"

5. 世纪　shìjì　（名）计算年代的单位，一百年为一世纪。例如："现在我们处于21世纪。"

6. 构思　gòusī　（动）做文章或制作艺术品好似运用心思。例如："拿到作文题目之后，先要构思一下。"

7. 浑然　húnrán　（形）形容完整不可分割。例如：浑然一体；浑然天成。

8. 总体　zǒngtǐ　（名）整体；若干个体所合成的事物。例如：总体规则；总体设计。

9. 符合　fúhé　（动）（数量、形状、情节等）相合。例如："这项措施是符合大家的利益的。"

10. 等级　děngjí　（名）按质量、程度、地位等的差异而作出的区别。例如："这次的奖项设置按照奖金数目分为三个等级。"

11. 错落　cuòluò　（形）交错纷杂。例如：错落有致；错落其间。

12. 匠心　jiàngxīn　（名）巧妙的构思。例如："这件工艺品的设计匠心独具，令人称奇。"

13. 风采　fēngcǎi　（名）神采。例如：风采各异；动人的风采。

14. 悬挂　xuánguà　（动）挂。借助于绳子、钩子、钉子等使物体附着于某处的一点或几点。例如："一轮明月悬挂在空中。"

15. 匾额　biǎn'é　（名）上面题着作为标记或表示赞扬文字的长方形木牌（也有绸布做成的）。例如："这座古宅的顶楼正中悬挂着一块金灿灿的匾额。"

16. 镶嵌　xiāngqiàn　（动）把一物体嵌入另一物体内。例如："教堂里装饰着镶嵌玻璃，非常漂亮。"

17. 对联　duìlián　（名）写在纸上、布上，或刻在竹子上、木头上、柱子上的对偶语句。例如："过春节的时候，家家户户的门上都贴上了喜庆的对联。"

18. 透露　tòulù　（动）泄露或显露消息。例如：透露风声；透露真相。

19. 追求　zhuīqiú　（动）用积极的行动来争取达到某种目的。例如："他用自己的一生来追求艺术上的创新。"

20. 壮观　zhuāngguān　（形）景象雄伟。例如：壮观的大桥；景象壮观。

21. 拍摄　pāishè　（动）用摄影机把人、物的形象照在底片上。例如：拍摄电影；拍摄照片。

注释

1. 包头　bāotóu　中国内蒙古自治区第一大城市。
2. 当　dàng　用实物作抵押向当铺借钱。
3. 甬道 yǒngdào　大的院落式墓地中间对着厅堂、坟墓等，主要建筑物的路，多用砖砌成。也叫甬路。

语言点

（一）极

副词，表示最高程度。

1. 用在形容词前面。例如：

（1）乔家自乔致庸的祖父乔贵发在包头经商发迹，到乔致庸一代，达到极盛，商号名"在中堂"。

（2）车子开得极慢。

2. 用在助动词或动词短语前。例如：
   （1）再加上更楼、眺楼点缀其间，使整个建筑群体高低错落，屋顶形式变化多姿，极富韵律之美。
   （2）老师的话让我极受鼓舞。

3. 构成"形容词/动词＋极＋了"格式，常用于口语。例如：
   （1）这个故事感人极了。
   （2）我对他佩服极了。

（二）则

连词，表示对比。例如：
（1）在建筑规模上也有等级差别，偏院较为低矮，正院则相对高大。
（2）旧的东西正在灭亡，新的东西则如旭日东升。
（3）他去了热闹的大城市，我则去了边疆小镇。

（三）比较：极、极其、极为

"极其"同"极"，只修饰多音节形容词、动词。用于书面。例如：
（1）他说话的态度极其诚恳。
（2）学校极其重视这件事情。

"极为"同"极其"。多用于书面，语气较庄重。构成"极为＋形容词/动词"短语，多作谓语。例如：
（1）这项决定极为正确。
（2）目前还有一些地区极为贫困。

（四）之所以……是因为……

表示因果复句的关联词，"之所以"后表示结果，"是因为"后面表示原因或目的。也说"之所以……是由于……"、"之所以……是为了……"等。例如：
（1）他之所以去北京，正是为了看女朋友。
（2）乔家大院之所以远近闻名，不仅在于它高大壮观，更重要的是因为它那精湛的建筑艺术。

练习

一、熟读并抄写下列词语

经商　　发迹　　极盛　　跨度　　构思　　点缀
匾额　　镶嵌　　对联　　透露　　精湛　　罕见
风格一致　　高低错落　　变化多姿　　匠心独具
花卉鸟兽　　琴棋书画　　各具风采　　红极一时

二、解释下列句子中的加点词语

1. 乔家自乔致庸的祖父乔贵发在包头经商发迹，到乔致庸一代，达到极盛。
2. 主要经营粮、茶、钱、当四大行，号称"汇通天下"。
3. 再加上更楼、眺楼点缀其间，使整个建筑群体高低错落，屋顶形式变化多姿，极富韵律之美。
4. 南面三个大院都是二进四合院，进门为台阶式门楼。
5. 乔家大院大门坐西向东，为拱形门洞，上有高大的顶楼，顶楼正中悬挂着山西巡抚赠送的蓝底金字匾额，上书"福种琅环"四个大字。
6. 与大门相对的是砖雕百寿图照壁，上面刻有100个形态各异的篆书"寿"字。
7. 整个博物馆较系统地反映了明清时期山西晋中一带的民间风俗。
8. 由张艺谋执导、巩俐主演、红极一时的影片《大红灯笼高高挂》，就是在乔家大院拍摄的。

三、根据课文内容选词填空

距　向　座　位于　一致　独具　错落　精巧　之所以　是因为

1. 乔家大院_____山西省晋中地区祁县城东北12公里处的乔家堡村，_____太原64公里。
2. 虽然时间跨度很大，但后来的扩建和增修都能按原先的构思进行，使整个大院风格_____，浑然一体。

3. 再加上更楼、眺楼点缀其间，使整个建筑群体高低_____，屋顶形式变化多姿，极富韵律之美。

4. 所有院落无不造型_____，匠心_____。院内砖雕，以人物典故、花卉鸟兽、琴棋书画为题材，各具风采。

5. 乔家大院大门_____西_____东，为拱形门洞，上有高大的顶楼，顶楼正中悬挂着山西巡抚赠送的蓝底金字匾额，上书"福种琅环"四个大字。

6. 乔家大院_____远近闻名，不仅在于它高大壮观，更重要的_____它那精湛的建筑艺术。

四、选择适当的词语填空

极　　极为　　极其

1. 这道菜的味道真是好_____了。
2. 中国政府对农民工的工资问题_____重视。
3. 到了关键时刻，现场气氛_____紧张。
4. 这种鱼吃起来味道_____鲜。
5. 到乔致庸一代，达到_____盛，商号名"在中堂"。
6. 这句话_____能说明问题。

五、完成下列短语

风格（　　）　　浑然（　　）　　高低（　　）　　造型（　　）
变化（　　）　　各具（　　）　　（　　）独具　　（　　）电影

六、运用下列句子中的加点结构造句

1. 乔家大院位于山西省晋中地区祁县城东北12公里处的乔家堡村，距太原64公里。

2. 虽然时间跨度很大，但后来的扩建和增修都能按原先的构思进行，使整个大院风格一致，浑然一体。

3. 院内砖雕，以人物典故、花卉鸟兽、琴棋书画为题材，各具风采。

4. 乔家大院大门座西向东，为拱形门洞。

5. 乔家大院之所以远近闻名，不仅在于它高大壮观，更重要的是因为它那精湛的建筑艺术。

6. 它代表了我国明朝、清朝、民国初年的建筑风格，因而被许多建筑专家誉为"北方民居建筑的一颗罕见的明珠"。

7. 在建筑规模上也有等级差别，偏院较为低矮，正院则相对高大。

8. 再加上更楼、眺楼点缀其间，使整个建筑群体高低错落，屋顶形式变化多姿，极富韵律之美。

七、根据课文回答问题

1. 乔家大院位于山西省哪个县？它最早的主人是谁？
2. 什么叫商号？乔家的商号叫什么？
3. 乔家主要经营什么？
4. 乔家大院有多大？请用数字陈述。
5. 乔家大院的建筑是如何布局的？
6. 在乔家大院，主人住哪里？客人、仆人住在哪里？这种现象反映了什么？
7. 乔家大院远近闻名，除了高大壮观外，还有什么原因？
8. 乔家大院现在又叫什么？它反映了何时何地的民间风俗？

八、以"祁县博物馆"为题复述课文

九、作文：运用下列词语，写一个小故事（字数要求：150字以上）

匠心独具，闻名，壮观，精湛，民居，风格，风俗……

十、看图说话

你能指出下面的民居叫什么？分布在中国哪些地方？

（1）　　　　　　　　　　（2）

（3）　　　　　　　　　　（4）

副课文

苏州同里民居

到过同里的人，都说同里"老房子"多。这种老房子大多建于明清时代，充满了江南水乡小镇古老文化的韵味。脊角高翘的房屋原貌，加上走马楼、砖雕门楼、明瓦窗、过街楼等，远远望去，一组古老建筑就好像是一件可以让人长久把玩回味的古老艺术品，风雨沧桑，兀然独立，它们是同里的精华所在，也是来往游人最感兴趣的地方。

首先，同里的建筑大都贴水而筑，临水而建。因五湖环绕于外、一镇包涵于中，因此镇上的老百姓几乎择水而居，为洗涮方便，镇内家家户户都在临水的一面建成石阶，作为水河桥，既简单又实用。也有人家搭建了伸向河面的小阁楼，并专门备好吊捅，随时可以取水。盛夏季节，在阁楼里一边品茗小酌，一边欣赏河上风光，实为其乐无穷。在二十世纪四五十年代，同里镇内很多地方都有过街楼和过街棚，当时蒋家桥和饮马桥一带，同里人称之为严家廊和凌家廊下，其他地方也断断续续有过这种过街楼棚，给出门在外的行人带来方便。

同里名门望族多，楼宇稠密，粉墙黛瓦的深宅大院至今保存完好的有40余处。砖雕是同里民宅的一大景观，一般又分为绘画与书法两大类，其技法可分浮雕、深雕、透雕、堆雕等多种。现存砖雕大部分在旧宅和园林的门楼、照墙、脊饰等处，尤以大量的砖雕门楼为多。其中，以朱宅五鹤门楼最为壮观，五只雄鹤侍立盘旋，飘逸中显露出一种仙风道骨，此门楼堪称江南砖雕艺术之精品。木雕则以"崇本堂"、"嘉荫堂"为最。同里民居是同里一道耐看的风景线，它散落于古镇的大街小巷，散落在古镇每一个有碧水流过的地方。"小巷小桥多，人家尽枕河"，是同里留给大家的深刻印象，而"民居多古朴，住宅尽清幽"，则是这些别有风味的水乡民宅给予我们的美好回忆。到同里不能不看同里民居，这是岁月留给我们的又一部大书。

（资料、图片来源：http://www.vekee.com）

（一）解释加点词语

1. 这种老房子大多建于明清时代，充满了江南水乡小镇古老文化的韵味。
2. 一组古老建筑就好像是一件可以让人长久把玩回味的古老艺术品。
3. 首先，同里的建筑大都贴水而筑，临水而建。
4. 盛夏季节，在阁楼里一边品茗小酌，一边欣赏河上风光，实为其乐无穷。
5. 同里名门望族多，楼宇稠密，粉墙黛瓦的深宅大院至今保存完好的有40余处。
6. 砖雕是同里民宅的一大景观，一般又分为绘画与书法两大类，其技法可分浮雕、深雕、透雕、堆雕等多种。
7. 其中，以朱宅五鹤门楼最为壮观，五只雄鹤侍立盘旋，飘逸中显露出一种仙风道骨，此门楼堪称江南砖雕艺术之精品。
8. 木雕则以"崇本堂"、"嘉荫堂"为最。
9. 同里民居是同里一道耐看的风景线，它散落于古镇的大街小巷，散落在古镇每一个有碧水流过的地方。
10. "小巷小桥多，人家尽枕河"，是同里留给大家的深刻印象，而"民居多古朴，住宅尽清幽"，则是这些别有风味的水乡民宅给予我们的美好回忆。

（二）回答问题

1. 游人对同里的什么最感兴趣？
2. 同里民居的主要物色有哪些？
3. 同里留给大家的深刻印象是什么？
4. 说说你们当地民居的特点。

第十课　温馨的贺年红包

中国方块汉字内涵丰富而深刻，中华民族历来有利用汉字谐音以表达迎祥纳福的传统习俗。今年的农历是乙酉年，亦即鸡年。"鸡"的谐音为"吉"，因此年节时送礼就送与鸡有关的器物或工艺品，用以祝福对方"大吉大利"、"吉祥如意"。

这种浓郁的民俗传统，今年被我国香港邮政、澳门邮政所采纳，并充分利用：或将乙酉年鸡年邮票图案仿印在大红纸上，或将邮票图案直接印于金底剪纸鸡图案纸上，再折制成竖式信封状，并为它起个与春节拜年习俗有关的响亮名字"金鸡贺年红包"！过年时，晚辈给长辈行礼、问候完毕，这时长辈都要给小辈送红包——压岁钱。尊老爱幼是中华民族文明礼仪的组成部分，推出"贺年红包"正合乎这一民俗传统。所以"红包"一经出台，立即获得一片喝彩声，受到广大邮迷和市民的青睐。香港与澳门邮政的这种"鸡年礼包"是赠给购鸡年邮品的顾客以及新邮预订户的，大家纷纷争相收藏。也有许多人将钱币装入其中，馈赠给拜年的亲友，既喜庆，又大方。人们举包相庆，欣喜异常。印有形象、生动的鸡票图案，加上吉祥祝福的语言，大红礼包惹人喜爱，寓宣传集邮于新年祝福之中，可谓一举两得。无论是大人还是儿童，谁接到手，都会喜上眉梢。大家在喜悦的同时，也会对集邮产生更加浓厚的兴趣。人们喜出望外，企盼今后能逐年连续制作该系列的贺年红包。

发行贺年红包的创意始于新加坡邮政。香港、澳门、新加坡邮政印发的金鸡贺年红包。各具特色，别具一格。香港印制了1套4种，一"票"一包，特别将所发行的"岁次乙酉（鸡年）"4枚1套鸡票图案分别印于洒金大红底色纸上，其上的"鸡票"比原邮票大了许多；同时在红包左下部印有不同的烫金剪纸鸡图：右上部金底压凸印红字，分别为"鸡年好运"、"鸡年大利"、"金鸡报喜"、"鸡鸣报晓"；"鸡票"上部印有草书"鸡"字。红包背面印有"香港邮政"徽志，并注明"非卖品"字样。封舌可自动粘贴，以方便使用者。

澳门邮政以铜版纸彩印了一种红包，其正面全幅印上了"岁次乙酉"邮票小型张的部分主图及云纹背景图案，右上部在烫金底色上以隶书印"鸡年如意"字样；封舌边缘印成黑色，并在插扣上印一个极为惹眼的烫金篆刻的"鸡"字，该篆刻刀法娴熟，刀锋犀利，极具中华民族传统书法、篆刻艺术的魅力。这种红包的正面左下部及背面下部中间分别烫金加印了"澳门邮政"徽志，给人留下深刻印象。

新加坡邮政的金鸡贺年礼包，其正面为金底色，上面印有红黄套色的剪纸雄鸡回眸图，以剪纸红梅图案为背景，鸡尾及上部是一个十分醒目的篆书汉字"鸡"，主图设计既和谐又突出。这种红包按邮票面值，加价出售。

"生肖贺年红包"又为生肖集邮增添了一个新的品种，为世界华人过春节时增添了一份喜庆，受到人们的广泛赞誉。

（据刘开文《温馨的贺年红包》，《集邮博览》2005年6期）

生词

1. 利用 lìyòng （动）使事物或人发挥效能。例如:"他利用了对方的弱点,一下子就将他打败了。"
2. 谐音 xiéyīn （动）字词的音同或音近。例如:"鸡"谐音"吉"。
3. 习俗 xísú （名）习惯和风俗。例如:"中秋节吃月饼是中国特有的习俗。"
4. 工艺品 gōngyìpǐn （名）手工艺的产品。例如:"这件工艺品价值连城。"
5. 祝福 zhùfú （动）泛指祝人平安和幸福。例如:"这代表了他对朋友深深的祝福。"
6. 浓郁 nóngyù （形）（色彩、情感、气氛等）重。例如:春意浓郁;浓郁的生活气息。
7. 喝彩 hècǎi （动）大声叫好。例如:"观众为演员们的精彩表演而喝彩。"
8. 青睐 qīnglài （名）比喻对人的喜爱或重视。例如:"这种式样的发型得到了年轻人的青睐。"
9. 顾客 gùkè （名）商店或服务行业称来买东西的人或服务对象。例如:"五一期间,商店里的顾客数目要比平时多好几倍。"
10. 收藏 shōucáng （动）收集保藏。例如:"他喜欢收藏世界各国的钱币。"
11. 馈赠 kuìzèng （动）赠送（礼品）。例如:"鲜花是人们馈赠亲友的佳品。"
12. 宣传 xuānchuán （动）对群众说明讲解,使群众相信并跟着行动。例如:"上海是中国对外宣传的窗口。"
13. 企盼 qǐpàn （动）希望;盼望。例如:"两岸人民都企盼着祖国早日统一。"

14. 创意 chuàngyì （名）有创造性的想法。例如："广告业需要有创意的人才。"
15. 印象 yìnxiàng （名）客观事物在人的头脑里留下的迹象。例如："她留给老师的印象很好。"
16. 和谐 héxié （形）配合得适当和匀称。例如："我们要建造一个和谐的社会。"

语言点

（一）或

连词，同"或者"。

1. 用在叙述句里，表示选择关系。
   （1）你们叫我老杨或（者）小杨都行，就是不要叫杨局长。
   （2）或者你来，或者我去，都行。

2. 表示几种交替的情况，连接动词短语。用几个"或（者）"，表示"有的……有的……"例如：
   （1）每天清晨都有许多人在公园里锻炼，或（者）跑步，或（者）打拳，或（者）做操。

3. 表示等同。例如：
   （1）人们对整个世界的总的看法叫做世界观，或（者）宇宙观。

（二）一经

副词，表示只要经过某个步骤或某种行为就能产生相应的结果。例如：
（1）法律一经公布，就要严格执行。
（2）一经发现有问题，我们就准备纠正。

（三）既

副词，跟"又、且、也"配合，连接并列成分，表示不止这一方面。例如：
(1) 既要有周密的计划，又要有切实的措施。
(2) 房子既杂且乱。
(3) 他既懂英语，也懂法语。

练 习

一、熟读并抄写下列词语

历来	谐音	习俗	浓郁	拜年	出台
喝彩	青睐	馈赠	企盼	创意	娴熟
犀利	魅力	和谐	赞誉	博大	特色

惹人喜爱　　一举两得　　喜上眉梢　　别具一格

二、解释下列句子中的加点词语

1. 今年的是农历乙酉年，亦即鸡年。

2. 这种浓郁的民俗传统，今年被我国香港邮政、澳门邮政所接纳。

3. 过年时，小辈给长辈行礼、问候完毕，这时长辈都要给小辈送红包——压岁钱。

4. 所以"红包"一经出台，立即获得一片喝彩声，受到广大邮迷和市民的青睐。

5. 发行贺年红包的创意始于新加坡邮政。

6. 封舌边缘印成黑色，并在插扣上印一个极为惹眼的烫金篆刻的"鸡"字。

7. 该篆刻刀法娴熟，刀锋犀利，极具中华民族传统书法、篆刻艺术的魅力。

8. 新加坡邮政的金鸡贺年礼包，其正面为金底色，上面印有红黄套色的剪纸雄鸡回眸图。

三、选择适当的词语填空

或　　既

1. 今天我们的主食，_____饺子，_____米饭，由大家选择。
2. 他_____懂英语，又懂日语。

一经　　一旦

3. 这个事情_____决定，就要严格执行。
4. 相处三年，_____离别，怎么能不想念呢？

既……又……　　即使……也……

5. 他的房间_____干净，_____整齐。
6. _____你在这儿，恐怕_____没有办法。

四、完成下列短语

1. 给下列名词搭配上适当的动词

（　）亲友　（　）兴趣　（　）喜爱　（　）红包
（　）图案　（　）印象　（　）春节　（　）喜庆

2. 补充下列短语

博大（　）　吉祥（　）　大吉（　）　喜上（　）
尊老（　）　迎祥（　）　（　）望外　一举（　）
惹人（　）　别具（　）

五、运用下列句子中的加点结构造句

1. 或将乙酉年鸡年邮票图案仿印在大红纸上；或将邮票图案直接印于金底剪纸鸡图案纸上，再折制成竖式信封状，并为它起个与春节拜年习俗有关的响亮名字"金鸡贺年红包"。

2. 今年的农历是乙酉年,亦即鸡年。

3. 这种浓郁的民俗传统,今年被我国香港邮政、澳门邮政所接纳,并充分利用。

4. 所以"红包"一经出台,立即获得一片喝彩声,受到广大邮迷和市民的青睐。

5. 也有许多人将钱币装入其中,馈赠给拜年的亲友,既喜庆,又大方。

6. 无论是大人还是儿童,谁接到手,都会喜上眉梢。

7. "生肖贺年红包"又为生肖集邮增添了一个新的品种,为世界华人过春节时增添了一份喜庆,受到人们的广泛赞誉。

8. 新加坡邮政的金鸡贺年礼包,其正面为金底色,上面印有红黄套色的剪纸"雄鸡回眸图"。

六、根据课文回答问题

1. 为什么过年时(鸡年)时,人们喜欢送与鸡有关的礼物?
2. 香港发行的贺年红包是怎样的?
3. 新加坡邮政发行一套鸡年鸡票图案共有几张?
4. 澳门发行的贺年红包是怎样的?
5. 新加坡发行的贺年红包是怎样的?
6. 你自己的祖国在过年时有发红包的习俗吗?或是有什么独特的过年习俗,请描述一下。

七、请以"鸡年红包"为题复述课文

八、作文:运用下列词语,写一个小故事(字数要求:150字以上)

过年,红包,压岁钱,喜庆,吉祥,一年之计在于春……

九、试着说出一些与吉祥用语相关的成语

例如:福星高照、招财进宝、麒麟送子、福寿双全、连年有余、喜庆有余、福从天降、春风得意、竹报平安、万象更新、太平有象……

十、试着说出下列吉祥图案的寓意

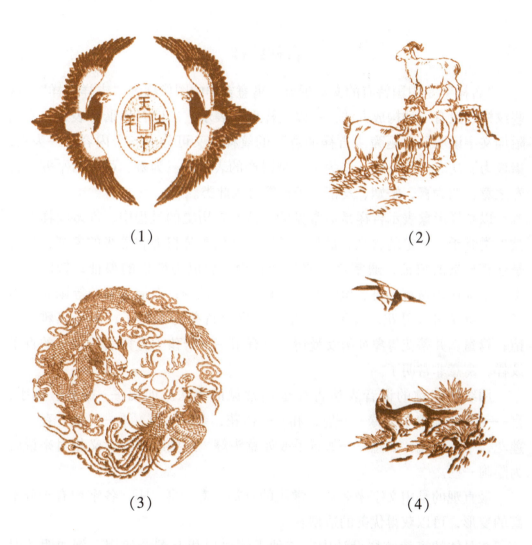

(1)　　　　　　　　(2)

(3)　　　　　　　　(4)

（图片来源：hi. baidu. com/池中剑/blog/item/644c184fa41）

副课文

吉祥纹样

"吉祥"是中国特有的文化现象,寓意吉祥的图像称为"吉祥纹样"。这些纹样一般有三种构成方法:一以纹样形象表示,二以名称谐音表达,三用附加文字说明。主题为"吉祥如意"的纹样,又可分成四个内容:一为贵,指权力、功名等的象征;二为富,是财产的表示;三为寿,可包括平安、长寿之意;四为喜,婚姻、友情、子孙等可入此类。

以纹样形象表示吉祥是最常见的手法。在历史的过程中,许多纹样题材被人类赋予了一定的含义,例如:龙、蟒、凤等是权力和等级的象征;牡丹是达官显贵的象征,通常称为富贵花;狮、虎成为威仪的象征;钱眼、金锭、银锭代表财富;桃、龟、鹤、松柏等表示长寿;石榴、葡萄等则表示多子;萱草又名宜男花,表示得子生男;梅兰竹菊为四君子,表示高雅、友谊;鸳鸯、并蒂花等象征男女爱情。更有用一百个孩子直接表示多子的百子纹样,寓意非常明了。

用纹样名称的谐音表达吉祥也是常见的手法。如福——蝙蝠、佛手,喜——喜鹊、蟢子,禄——鹿,和——荷花,余——鱼,丰——蜂,莲——莲花,平——瓶,如意——如意手或如意头等,这些纹样的含义相对来说较为隐晦一些。

最直观的是用文字来表达,常用的有福、寿、喜、卐,各字均有十分丰富的变形,可以获得优美的造型。

在具体的寓意纹样设计中,三种手法可以相互配合使用。例如明清时期,十分常见的图案就有:

岁寒三友:由松、竹、梅三种图形组成。

四季景:由牡丹、荷花、菊花、茶花或梅花等图形组成。

富贵万福:由牡丹、卐字和蝙蝠组成。

福寿如意:由蝙蝠、寿桃和如意组成。

喜上眉梢:欢鸣的喜鹊立于傲寒独放的梅花枝头,寒梅报春,喜鹊鸣喜，传递着"一年之计在于春"的声声美好祝愿。

太平有象：表示太平气象，由一象上驮一瓶而成，如瓶中又有三戟，则表示连升三级。

寿居耄耋：寿桃、菊花和蝴蝶组成，以谐音寓意，表达人们对健康与长寿的祝颂。

蝶恋花：蝴蝶在牡丹花上翩翩起舞，寓意甜蜜的爱情和美满的婚姻。

（据赵丰《中国丝绸艺术史》，文物出版社，2005年）

（一）解释加点词语

1. "吉祥"是中国特有的文化现象，寓意吉祥的图像称为"吉祥纹样"。
2. 更有用一百个孩子直接表示多子的百子纹样，寓意非常明了。
3. 用纹样名称的谐音表达吉祥也是常见的手法。
4. 这些纹样的含义相对来说较为隐晦一些。
5. 岁寒三友：由松、竹、梅三种图形组成。
6. 喜上眉梢：欢鸣的喜鹊立于傲寒独放的梅花枝头，寒梅报春，喜鹊鸣喜，传递着"一年之计在于春"的声声美好祝愿。
7. 寿居耄耋：寿桃、菊花和蝴蝶组成，以谐音寓意，表达人们对健康与长寿的祝颂。
8. 蝶恋花：蝴蝶在牡丹花上翩翩起舞，寓意甜蜜的爱情和美满的婚姻。

（二）回答问题

1. 吉祥纹样有哪些构成方式？
2. 主题为"吉祥如意"的纹样有哪些内容？
3. 以纹样形象表示吉祥时，石榴、葡萄等则什么？梅兰竹菊代表什么？
4. 用谐音表达吉祥时蝙蝠代表什么？花瓶又代表什么？
5. 用文字表达吉祥时常用的有哪几个字？

第十一课　高岭土的传说

距景德镇五十公里的一座高山上，有一个高岭村。这里所产的高岭土（瓷土）质地优良，闻名中外。"高岭"一词，现已成为全世界制瓷原料的通用术语。

高岭村为何盛产这么好的瓷土呢？这当中有一个美妙的传说。

相传很久很久以前，高岭村住着一户姓高的穷夫妻，他们租种着地主老财的几分瘦田，一年到头累断气，压弯腰，好不容易打下一点粮食，可经地主老财左一剥，右一刮，几乎全都被刮走了。他们只得靠觅野菜、挖山芋充饥度日，日子过得比苦瓜还苦三分。

高氏夫妻虽然家境贫穷，心地却特别善良。不论什么时候，只要听说谁家的锅揭不开，夫妻俩宁愿自己挨饿，也要省下口中的那点山芋给人送去。因此，方圆数十里的穷苦乡亲，都称他们为"善人"。

一天，北风呼号，雪花纷飞。清早，高家男人抱着一捆柴禾正准备送往邻村，给一位孤苦伶仃的老太太生火取暖。可刚把屋门打开，只见屋檐下躺着个衣衫褴褛、几乎被冻僵的白发老头。他当即唤来老伴，将老人抬到自家的床上，把家里仅有的一床破棉絮盖在老人身上。但老人仍瑟瑟发抖，高家男人便又将自己身上穿的一件破棉袄脱下来盖住老人，与此同时，高家女人也将姜汤一匙一匙地喂进他的嘴里。老人盖了棉絮和棉袄，又喝了热腾腾的姜汤，终于苏醒过来。可是老人一醒，又说自己好几天没吃东西，问高氏夫妻能不能再给他弄碗粥喝？

高氏夫妻听了，一时感到很为难。因为他们家已粒米无存了，拿什么熬粥呢？但想到救人要紧，夫妻俩一商量，决定花高利息到地主老财家去借些米来熬粥。

米很快就借来了。经过一阵忙碌，粥熬好了。高氏女人将一碗香喷喷、热腾腾的稀饭端到老人面前，只见他三下两下就喝光了。喝了稀粥，白发老人的精神好多了，他下床站了起来，激动地对高氏夫妻说："你夫妻俩确是名不虚传的'善人'啊！"边说边从衣袋里取出一粒洁白晶莹的小玉珠，递给高家男人，说道："我这里有一粒小玉珠，现送给你们。我走后可将它种在村后的高岭山上，过三七二十一天，再去挖开山土，那里面有着挖不尽的白玉土，这种土是制瓷的上等料，你们可以将它运到景德镇去卖。"说完，一声哈哈大笑，立即变得无影无踪。

高氏夫妻被眼前所发生的事儿给弄糊涂了。他们想：那白发老人莫不是神仙？夫妻俩半信半疑地来到高岭山，将小玉珠种下了。过了三七二十一天，他们又来到高岭山，挥起锄头一挖，顷刻，奇迹果真出现了：只见那红澄澄的泥土，变成了又白又嫩的玉土。夫妻俩为使穷乡亲们都能分享到这一喜悦，便急匆匆地跑村串户，通知乡亲们快上山去挖玉土。大家将玉土挖出，运到景德镇，果然卖了好价钱。从此，这一带的穷乡亲们便都改行挖、卖玉土了。这一来，日子也就较前好过了许多。

景德镇自从采用高岭山的玉土制瓷以后，所制出的瓷器更为精美。1712年，法国传教士昂特雷柯莱曾向国外介绍过高岭所产的这种瓷土，从此高岭土便闻名于全世界。

（据张海国、万千《千年瓷都景德镇》，上海大学出版社，2005年）

生词

1. 距　jù　（动）距离。例如："距今已有十年。"
2. 质地　zhìdì　（名）某种材料的结构的性质。例如："这种进口布料的质地很不好。"
3. 闻名　wénmíng　（动）有名。例如：闻名全国；闻名世界。
4. 术语　shùyǔ　（名）某种学科的专门用语。例如："为了学习方便，你要多记一些这方面的专业术语。"
5. 盛产　shèngchǎn　（动）大量地出产。例如："大兴安岭盛产木材。"
6. 传说　chuánshuō　（名）人民口头上流传下来的关于某人某事的叙述。例如："我国古代有许多关于英雄的传说。"
7. 地主　dìzhǔ　（名）占有土地，自己不劳动，依靠出租土地剥削农民为主要生活来源的人。例如："这个狠心的地主抢走了农民的血汗钱。"
8. 觅　mì　（动）寻找。例如：寻觅；觅求。
9. 家境　jiājìng　（名）家庭的经济状况。例如：家境富裕；家境贫寒。
10. 善良　shànliáng　（形）心地纯洁，没有恶意。例如："善良的心是最好的美容师。"
11. 褴褛　lánlǚ　（形）（衣服）破烂。例如："那里躺着一个衣衫褴褛的乞丐。"
12. 僵　jiāng　（形）僵硬。例如："手脚都冻僵了。"
13. 发抖　fādǒu　（动）由于害怕，生气或受到寒冷等原因而身体颤动。例如："听到这个消息，他几乎气得发抖。"
14. 粥　zhōu　（名）用粮食或粮食加其他东西煮成的半流质食物。例如："粥是一种既有营养又养胃的食品。"
15. 利息　lìxī　（名）因存款、放款而得到的本金以外的钱。例如："近年来，银行的存款利息率逐年下降。"
16. 忙碌　mánglù　（形）忙着做各种事情。例如："为了大家的事情，他整天忙碌着。"
17. 晶莹　jīngyíng　（形）光亮而透明。例如："草上的露珠晶莹发亮。"

18. 神仙　shénxiān　（名）神话传说中有超人的能力的人物，可以超脱尘世，长生不老。例如："在神话传说中，神仙总能将人从危险之中解救出来。"
19. 奇迹　qíjì　（名）想象不到的不平凡的事情。例如："埃及金字塔是人类文明的奇迹之一。"
20. 急匆匆　jícōngcōng　（形）十分急迫，紧急。例如："一接到消息，他就急匆匆地赶往机场。"

注释

瓷土　cítǔ　（名）烧制瓷器用的黏土，主要指高岭土。

语言点

（一）比较：几乎、简直

几乎

副词，表示非常接近；差不多，可以放在动词、形容词、名词前。例如：

(1) 可经地主老财左一剥，右一刮，几乎全都被刮走了。
(2) 高兴得几乎跳了起来。
(3) 他的头发几乎全白了。
(4) 几乎全体青年都参加了献爱心活动。

简直

"简直"的意思是"表示完全"，语气带夸张。
"几乎"只表示"接近"，程度上比"简直"稍差些。例如：

(1) 嗓子简直不行了，没法唱下去了。
(2) 嗓子几乎不行了，可还是勉强唱完了。
(3) 屋子里简直热得呆不住。

（二）状态形容词

状态形容词含有程度比较固定的性质或状态。前面不能再加"很"，后面一般要加"的"。状态形容词主要包括以下几类。例如：

(1) 慢慢的、绿绿的、冷冷的、乱乱的、青青的
(2) 慢慢腾腾的、快快乐乐的、高高兴兴的、漂漂亮亮的
(3) 墨绿、冰冷、雪白、飞快、火热、漆黑、通红
(4) 慢腾腾、绿油油、冷冰冰、乱哄哄、红彤彤
(5) 稀里糊涂、傻了吧叽、灰不溜秋、稀巴烂

（三）给

助词，直接用在表示被动、处置等意思的句子的谓语动词前，以加强语气。用于口语。例如：

(1) 高氏夫妻被眼前所发生的事儿给弄糊涂了。
(2) 裤腿都叫露水给湿透了。
(3) 我记性不好，保不住就给忘了。

练习

一、熟读并抄写下列词语

传说	质地	盛产	家境	方圆
精美	苏醒	忙碌	分享	喜悦
红澄澄	急匆匆	香喷喷		热腾腾
闻名中外	孤苦伶仃	衣衫褴褛		瑟瑟发抖

洁白晶莹　　　半信半疑　　　无影无踪　　　名不虚传

二、解释下列句子中的加点词语

1. 不论什么时候，只要听说谁家的锅揭不开，夫妻俩宁愿自己挨饿，也要省下口中的那点儿山芋给人送去。
2. 清早，高家男人抱着一捆柴禾，正准备送往邻村，给一位孤苦伶仃的老太太生火取暖。
3. 可刚把屋门打开，只见屋檐下躺着个衣衫褴褛，几乎被冻僵的白发老头。
4. 高氏夫妻听了，一时感到很为难。
5. 方圆数十里的穷苦乡亲，都称他们为"善人"。
6. 你夫妻俩确是名不虚传的'善人'啊。
7. 过了三七二十一天，他们又来到高岭山，挥起锄头一挖，顷刻，奇迹果真出现了。
8. 说完，一声哈哈大笑，立即变得无影无踪。

三、根据课文内容选词填空

再　几乎　还　比　所　距　自从

1. _____景德镇五十公里的一座高山上，有一个高岭村。
2. 这里_____产的高岭土（瓷土）质地优良，闻名中外。
3. 可经地主老财左一剥，右一刮，_____全都被刮走了。
4. 过三七二十一天，_____去挖开山土，那里面有着挖不尽的白玉土。
5. 景德镇_____采用高岭山的玉土制瓷以后，所制出的瓷器更为精美。
6. 他们只得靠觅野菜、挖山芋充饥度日，日子过得_____苦瓜_____苦三分。

宁愿　却　因为　又　虽然　但　因此　也

7. 高氏夫妻_____家境贫穷，心地_____特别善良。
8. 不论什么时候，只要听说谁家的锅揭不开，夫妻俩_____自己挨饿，_____要省下口中的那点山芋给人送去。_____，方圆数十里的穷苦乡亲，都称他们为"善人"。

  9. 老人盖了棉絮和棉袄，_____喝了热腾腾的姜汤，终于苏醒过来。

  10. _____他们家已粒米无存了，拿什么熬粥呢？_____想到眼前救人要紧，夫妻俩一商量，决定花高利息到地主老财家去借些米来熬粥。

四、选择适当的词语填空

几乎　　简直

1. 街上的汽车一辆接一辆，（　　　）没个完。
2. 屋子里热得（　　　）呆不住。
3. 他（　　　）要高兴死了。
4. （　　　）所有的人都参加了捐助活动。

果然　　果真

5. "桂林山水甲天下"，（　　　）名不虚传。
6. 你（　　　）爱她，就应该帮助他。
7. （　　　）是这样，那就好办了。

五、运用下列句子中的加点结构造句

1. 距景德镇五十公里的一座高山上，有一个高岭村。
2. 这里所产的高岭土（瓷土）质地优良，闻名中外。
3. 高氏夫妻虽然家境贫穷，心地却特别善良。
4. 老人盖了棉絮和棉袄，又喝了热腾腾的姜汤，终于苏醒过来。
5. 说完，一声哈哈大笑，立即变得无影无踪。
6. 高氏夫妻被眼前所发生的事儿给弄糊涂了。
7. 大家将玉土挖出，运到景德镇，果然卖了好价钱。
8. 高岭村为何盛产这么好的瓷土呢？这当中有一个美妙的传说。

六、说出下列"给"的用法

1. 叔叔给他一支笔。

2. 张老师教过我三年，给过我多次帮助。

3. 给他去个电话。

4. 衣服给雨淋湿了。

5. 高氏夫妻给眼前所发生的事儿给弄糊涂了。

6. 他把衣服给晾干了。

7. 房间都给收拾好了。

七、根据课文回答问题

1. 用来做制瓷原料的瓷土为什么叫高岭土？

2. 姓高的穷夫妻的身份是什么？

3. 神仙为什么要装成穷人？

4. 让高岭土闻名于全世界的人是谁？

5. 请根据课文描述一下那对穷夫妻的艰苦生活。

6. 为什么乡亲都称这对夫妻为"善人"？

八、以"景德镇瓷土的来历"为题复述课文

九、作文：运用下列词语，写一个小故事（字数要求：150字以上）

闻名中外，传说，很久以前，日子，一天，善良，勤劳，奇迹……

十、城镇的别称

中国的不少城镇有特定的别称，有的是因为产品而得名，有的是因为自然地理而得名，有的是因为神话传说而得名。例如：

景德镇——瓷都

安溪——茶都

重庆——雾都

济南——泉城

泸州——酒城

广州——羊城

上海——申城

你还知道哪些呢?

副课文

色彩绚丽的粉彩瓷

粉彩瓷,属景德镇四大传统名瓷之一,始创于清康熙晚期。

粉彩是釉上彩的一种。彩绘时先在白瓷釉面上勾成图样,再填上一层"玻璃白"(一种含有铝、硅、砷元素的画料),然后用彩料描绘洗染,入彩炉烘烤而成。

粉彩画面线条纤细秀丽,形象生动逼真,色彩粉润柔和,富有立体感,在国内外享有盛誉。法国朋友十分喜爱粉彩瓷,称它为至精至美的"玫瑰族瓷器"。他们说:"只有用绚丽的玫瑰来比喻粉彩瓷才恰当。"在美国,景德镇的高级粉彩瓷,只有在首饰店才能买到。许多世界著名的博物馆,都把典雅的粉彩瓷作为珍品进行收藏。新加坡的一位朋友,专门撰文称赞粉彩瓷,说它是"东方艺术的明珠"。

粉彩的技法多种多样,既有简洁洗炼的写意,又有严谨规整的工笔。其精细处,刻画入微;豪放处,潇洒秀逸。

粉彩的装饰题材非常广泛,有"群仙会"、"五伦图"、"八仙过海"等传统画面;有"红楼梦"、"西厢记"、"屈原"、"三打白骨精"等取材于古典文学的画面;还有"桂林山水"、"庐山风光"、"香山红叶"、"庆丰收"等着意表现祖国风貌的画面。总之,山水、人物、花、鸟、草、虫、鱼、禽、兽、图案等,门类齐全,应有尽有。

粉彩的图案装饰形式丰富多彩,有单面彩式、双面彩式、边脚图案式、散点折枝式、吊珠洋莲开光式等。

粉彩瓷的品种繁多,有碗、盘、杯、碟、瓶、坛、缸等单件品种,也有餐具、茶具、咖啡具、酒具、文具、屏风等配套品种。有小至几厘米的瓷瓶、鼻烟壶，也有高至数米的瓷瓶、口径大至一米的瓷缸和长达十多米的壁画。小者可见其制作之灵巧，装饰之微妙；大者可见其工程之繁浩，制作之完美，有不少产品成为世界艺术宝库中的珍品。

（据张海国、万千《千年瓷都景德镇》，上海大学出版社，2005年）

（一）解释加点词语

1. 色彩绚丽的粉彩瓷……
2. 粉彩画面线条纤细秀丽，形象生动逼真，色彩粉润柔和，富有立体感，在国内外享有盛誉。
3. 许多世界著名的博物馆，都把典雅的粉彩瓷作为珍品进行收藏。
4. 新加坡的一位朋友，专门撰文称赞粉彩瓷，说它是"东方艺术的明珠"。
5. 粉彩的技法多种多样，既有简洁洗炼的写意，又有严谨规整的工笔。
6. 还有"桂林山水"、"庐山风光"、"香山红叶"、"庆丰收"等着意表现祖国风貌的画面。
7. 总之，山水、人物、花、鸟、草、虫、鱼、禽、兽、图案等，门类齐全，应有尽有。
8. 大者可见其工程之繁浩，制作之完美，有不少产品成为世界艺术宝库中的珍品。

（二）回答问题

1. 什么叫粉彩瓷？它始于哪个年代？
2. 瓷制作中，入彩炉烘烤是第几道工序？
3. 彩瓷的装饰题材有哪些？请分类举例说明。
4. 彩瓷的图案装饰形式有哪些？
5. 彩瓷的品种又有哪些？
6. 根据全文和你的理解，为什么说粉彩瓷是世界艺术宝库中的珍品？

第十二课　八仙传说

甲：人们常说："八仙过海，各显神通。"这句话你知道不知道？

乙：当然知道啦，这是常说的一句俗语。你问这个是什么意思？是不是让我说说八仙的传说？

甲：对啦，正是这个意思。八仙我也知道一些，小时候看年画，长大了看京戏，近年还看过电视，什么吕洞宾、张果老、韩湘子等等，还有一位女的何仙姑，个个神通广大，你说这是真的假的？历史上真有这些人么？八仙的故事是从什么时候开始的，你能不能聊聊，作个简单而全面的介绍。

乙："八仙"的传说，唐、宋、元代资料都有记载，后来固定成员有铁拐李、汉钟离、蓝采和、张果老、何仙姑、吕洞宾、韩湘子、曹国舅。我这样介绍你看简单不简单、全面不全面。

甲：你这又太简单了。还得稍微详细一点，先把总的介绍一下，再把各人分别介绍一下……不过我听了你的介绍，我又想起一个问题，小时候我听我祖母和我说过。你知道铁拐李的腿为什么是拐的？

乙：这我可说不清楚，你说说看。

甲：我祖母说：铁拐李爱喝酒，又没有钱买酒，一天酒瘾上来，实在难过，便想去作贼，夜间跳墙到一家人家，可是这家人家只有一老一小，十分穷苦，家中没有值钱的东西，便把人家的饭锅偷了。临走时，听老人说梦话："孙儿，明天千万得弄点儿米来，烧锅饭，我饿了两天啦。"铁拐李跳墙出来，眼看天要亮了。他心想：等天亮了，要是这家真弄来米，没饭锅怎么烧饭呢？越想越觉得不好，便急忙把偷来的锅送了回去，但是放下锅又逃走时，天已亮了，他连忙跳墙，跳得太急，把腿摔拐了。这件事感动了玉皇大帝，铁拐李就成仙了。同时玉皇大帝又命令各位神仙，天亮时，再稍黑一会儿，以便一些动了善心的贼能及时把东西还给人家，不再摔坏腿。这就是所说的"黎明前的黑暗"。

乙：听你这么一说，铁拐李的故事还真有趣。不过这是民间传说，在书上可找不到什么记载。铁拐李虽早在元代就已见于八仙名单中，但具体的名次排列，则要到明代才出现。在明代的戏剧和小说中，铁拐李排第一名，成为八仙的头头儿。实际上，八仙中铁拐李是民间传说创造出来的人物。

元代杂剧中出现了后来所说的"八洞神仙"的名字，但人名和名次排列都不一样，直到明代才确定了他们的地位和名次。这自然和道教的发展有关系。

甲：你说"八洞神仙"中谁的名气最大？

乙：那自然是吕洞宾了，你不是听人常说嘛，"狗咬吕洞宾，不识好人心。"这句谚语南北各地都在说，可见其名气之大了。

甲：说得不错，八仙中吕洞宾名气最大，元人杂剧和小说中有不少演八仙故事的，都以吕洞宾为名，可见他从元代便开始出名了。

乙：张果老的名气也不小，八仙别人都步行，只有他倒骑着一头小毛驴。

甲：人们说八仙中韩湘子是韩愈的侄子，是真的吗？

乙：关于韩湘子，唐书中有记载：说韩愈侄子年轻时不肯好好读书，韩愈责备他，他却说他有特殊能力，能令牡丹在冬天开花，每朵花上还有两句诗。实际上，韩湘子虽然是个真实人物，但却没有关于他成仙的记载。其他如曹国舅、蓝采和、何仙姑等人，记载也都不一，不能确切说明。

甲：看来神仙的事，都是民间传说，在风俗中流传久了，只是有趣罢了，不必当真了。

（据邓云乡《云乡漫录》，河北教育出版社，2004）

生词

1. 仙　xiān　（名）仙人，神仙。例如："你知道'八仙过海，各显神通'是什么意思吗？"
2. 神通　shéntōng　（名）原是佛教用语，指无所不能的力量，今指特别高明的本领。例如："他神通广大，一定会找到办法的。"
3. 谚语　yànyǔ　（名）在群众中间流传的固定语句，用简单通俗的话反映出深刻的道理。例如："'早雾晴，晚雾阴'是一句谚语。"
4. 全面　quánmiàn　（形）各个方面的总和（跟"片面"相对）。例如："对于这则消息，记者已经做了全面的报道。"
5. 成员　chéngyuán　（名）集体或家庭的组成人员。例如："他是大学教师联合会的一名成员。"
6. 舅　jiù　（名）母亲的兄弟。例如："我有两个舅舅。"
7. 祖母　zǔmǔ　（名）父亲的母亲。例如："我从小在祖母家长大。"
8. 贼　zéi　（名）偷东西的人。例如："快抓贼啊！"
9. 值钱　zhíqián　（形）价钱高；有价值。例如："我应该保存这些字典，它们会非常值钱的。"
10. 眼看　yǎnkàn　（副）马上。例如："新年眼看就要到了。"
11. 以便　yǐbiàn　（连）用在下半句话的开头，表示使下文所说的目的容易实现。例如："他跑得很快，以便赶上那末班车。"

12. 黎明　límíng　（名）天快要亮或刚亮的时候。例如："我们准备在黎明时出发。"

13. 名单　míngdān　（名）记录人名的单子。例如："请把你们的名字写在名单上。"

14. 名次　míngcì　（名）依照一定标准排列的姓名或名称的次序。例如："杰克在赛跑中的名次排在其他两名运动员之后，而他原来是希望得第一名的。"

15. 戏剧　xìjù　（名）通过演员表演故事来反映社会生活的艺术。例如："他在大学的专业是戏剧。"

16. 头头儿　tóutour　（名）领导。例如："在这里，老赵是头头儿，我是他的副手。"

17. 自然　zìrán　（副）表示理所当然。例如："只要刻苦训练，自然会取得好成绩。"

18. 名气　míngqi　（名）名声。例如："这家公司很有名气。"

19. 可见　kějiàn　（连）可以看见；可以想见。例如："可见，他是个好人。"

20. 出名　chū míng　（形）名字为大家所熟知。例如："最近他出名了。"

21. 步行　bùxíng　（动）行走（区别于坐车、骑马等）。例如："步行了四个小时后，我们开始累了。"

22. 毛驴　máolǘ　（名）驴，多指身体矮小的驴。例如："八仙中骑着一头毛驴的是谁？"

23. 侄子　zhízi　（名）弟兄或其他同辈男性亲属的儿子。也用来称朋友的儿子。例如："据说韩湘子是韩愈的侄子。"

24. 责备　zébèi　（动）批评指责。例如："这不是他的错，你不该责备他。"

25. 确切　quèqiè　（形）准确；恰当。例如："这个房间的确切面积是多少？"

26. 流传　liúchuán　（动）（事迹、作品等）传下来或传播开。例如："老人给我们讲了一个口头流传的故事。"

27. 罢了 bàle （助）而已。例如："他对穷人的关心只不过是做做样子罢了。"
28. 当真 dàngzhēn （动）以为是真的。例如："我只不过跟他开个玩笑，没想到他却当真了。"

专名

1. 元代 Yuán Dài 中国历史上的一个封建朝代，公元1260~1368年。
2. 玉皇大帝 Yùhuáng Dàdì 道教中级别最高的神明。在民间的神仙世界中，玉皇大帝是众神之王，是与人世相对的天国的主宰。
3. 明代 Míng Dài 中国的一个封建朝代，公元1368~1644年。
4. 道教 Dàojiào 中国一种土生土长的宗教，起源于东汉，兴盛于南北朝。
5. 韩愈 Hán Yù （768~824），唐代文学家。
6. 唐代 Táng Dài 中国的一个封建朝代，公元618－907年。

注释

1. 年画 niánhuà 民间过农历新年时张贴的表现欢乐吉庆气象的图画。
2. 杂剧 zájù 戏剧的一种，出现于宋代，兴盛于元代。

语言点

（一）眼看

时间副词，表示很快，马上。可以放在主语前或后。例如：
(1) 眼看天就要黑了，早点儿回去吧。
(2) 国庆节眼看就要到了。

（二）可见

连词，承接上文，表示下文做出判断结论。用于复句中后一分句开头，与"由此可见"同义。例如：

（1）"狗咬吕洞宾，不识好人心"，这句谚语南北各地都在说，可见其名气之大了。

（2）八仙中吕洞宾名气最大，元人杂剧和小说中有不少演八仙故事的，都以吕洞宾为名，可见他从元代便开始出名了。

（三）以……为……

等于"把……作为……"或"认为……是……"。例如：

（1）元人杂剧和小说中有不少演八仙故事的，都以吕洞宾为名。
（2）以实现四个现代化为目标。

两个"以……为……"并列，后面的"以"可以省略。例如：

（1）这个活动以五年级为主，四年级为辅。

练习

一、熟读并抄写下列词语

传说　　固定　　谚语　　眼看　　黎明
记载　　自然　　责备　　罢了　　确切

二、解释下列句子中的加点词语

1. 八仙过海，各显神通。
2. 什么吕洞宾、张果老、韩湘子等等，还有一位女的何仙姑，个个神通广大。

3. 可是这家人家只有一老一小，十分穷苦。

4. 在明代的戏剧和小说中，铁拐李排第一名，成为八仙的头头儿。

5. 八仙里别人都步行，只有他倒骑着一头小毛驴。

6. "狗咬吕洞宾，不识好人心"，这句谚语南北各地都在说，可见其名气之大了。

7. 其他曹国舅、蓝采和、何仙姑等人，记载也都不一，不能确切说明。

8. 你知道铁拐李的腿为什么拐的？

三、根据课文内容选词填空

责备　值钱　出名　固定　传说　谚语　名气

1. "八仙"是元代开始的，后来_____成员有铁拐李、汉钟离、蓝采和、张果老、何仙姑、吕洞宾、韩湘子、曹国舅。

2. 当然知道啦，这是常说的一句_____。

3. 这家人家只有一老一小，十分穷苦，家中没有_____的东西。

4. 不过这是民间_____，在书上可找不到什么记载。

5. 你说"八洞神仙"中谁的_____最大？

6. 元人杂剧和小说中有不少演八仙故事的，都以吕洞宾为名，可见他从元代便开始_____了。

7. 韩愈侄子年轻时不肯好好读书，韩愈_____他，他却说他有特殊能力。

四、选择适当的词语填空

记录　　记载

1. 你的任务是把会上大家的发言都_____下来。

2. 据史料_____，洛阳牡丹种植始于隋而盛于唐，甲天下于北宋时期。

3. 许多运动员在奥运会上不仅获得了冠军，还打破了世界_____。

第十二课 八仙传说

特殊　特别

4. 这个节目很有创意，我_____喜欢。
5. 我们不搞_____化，对大家从来都是一视同仁的。
6. 即使遇到_____情况，你也不要害怕，要保持镇定，随机应变。
7. 他喜欢郊游，_____是骑自行车郊游。

准时　及时

8. 你留在这里值班，有什么问题一定要_____向我们汇报。
9. 会议安排在明天下午三点，请各位代表务必_____出席。
10. 真是一场_____雨啊，一个月没下过雨了，庄稼都快干死了。
11. 今天飞机_____从虹桥机场起飞的，没有晚点。

流传　遗传

12. 大禹治水的故事一直_____到今天。
13. 你不用担心，这种疾病是不会_____给下一代的。
14. 这种说法在民间广为_____。

五、运用下列句子中的加点结构造句

1. 听你这么一说，铁拐李的故事还真有趣。
2. 这自然和道教的发展有关系。
3. 元人杂剧和小说中有不少演八仙故事的，都以吕洞宾为名。
4. 民间传说，在风俗中流传久了，只是有趣罢了，不必当真了。
5. 名次排列和人名也都不一样，直到明代才确定了他们的地位和名次。

六、用指定词语完成句子

1. 最近外面不大太平，你_____。（千万）
2. 这件事一定要保密，_____。（千万）
3. _____，王经理不由着急起来。（眼看）
4. _____，她赶紧将晒在窗外的衣服收进来。（眼看）
5. 他们俩第一次见面就互相喜欢上了，_____。（可见）

6. 他跟身边的同事、朋友相处十分融洽，_____。（可见）

七、请以"八仙的传说"为题复述课文

八、回答问题

1. 八仙是真实存在的人物还是只是古代传说中的人物？
2. 你的国家有类似的传说吗？请说说你们国家著名的神话传说人物。

九、作文：运用下列词语，写一个小故事（字数要求：150字以上）

全面，固定，上瘾，值钱，千万，眼看，以便，自然，确定，可见，责备，确切，流传，罢了……

十、阅读下列故事，说说它的大意

"狗咬吕洞宾，不识好人心"的来历

传说吕洞宾是个挺有钱的商人，经常帮助穷苦人做一些好事。有一次他碰到了一个叫苟杳（Gǒu Yǎo）的年轻人，因家破人亡而流浪在外，吕洞宾看苟杳像个读书人，就把他接到了自己家，供他吃住，还供他读书。苟杳十分感激，整日刻苦读书。

后来，苟杳到了结婚的年龄，在一位朋友的介绍下，吕洞宾把一位才貌双全的小姐许给了苟杳，但当时苟杳正值临考的关键时刻，由于怕苟杳分心，吕洞宾要求苟杳在新婚的头三天不准进洞房，秉烛读书至天亮，而自己则顶替苟杳守在洞房监督。苟杳答应了。

苟杳新婚后，发奋读书，上京城应试，果然金榜题名，被派到外地做了大官。

过了八九年，吕洞宾家里突发一场大火，所有家产烧了个精光。吕洞宾只好去找苟杳借钱。见恩人到来，苟杳非常高兴，招

待吕洞宾喝酒吃肉，到处游玩儿，天天如此。两个月后，吕洞宾见苟杳没有要借钱给他的意思，就不辞而别，回家了。一路上心里止不住地气愤，直骂苟杳忘恩负义。

等回到家里，吕洞宾惊奇地发现：自家原来被烧毁房屋的地方竟然盖起了一栋新房，比原来的老屋漂亮多了。他走进去一看，发现自己的妻子和孩子正跪在一副棺材前大哭，赶紧上前去问是谁去世了？不料妻子一见他，吓得大惊失色，连问他是人是鬼？

吕洞宾问明妻子后，气得把棺材砸开了，只见里面全是金银财宝，上面还放着一封信，取出一看，上面写着："苟杳不是负心郎，路送银，家盖房，你让我妻守空房，我让你妻哭断肠！"吕洞宾看完，如梦初醒，深悔自己不识好人，错怪了苟杳。

自此，"狗咬（苟杳）吕洞宾——不识好人心"的谚语，就在民间传开了。

副课文

八仙过海，各显神通

八仙是中国古代神话里的八位神仙，他们是汉钟离、张果老、铁拐李、韩湘子、曹国舅、吕洞宾、蓝采和及何仙姑。这八位神仙各有道术，法力无边。"八仙过海，各显神通"，就是关于他们的一段家喻户晓的故事。

有一天，八仙驾云去参加神仙会，路过东海。吕洞宾说："驾云过海，不算仙家本事。咱们不如用自家的拿手本领，踏浪过海，各显神通，你们看好不好？"众仙都说："好！"

铁拐李第一个过海。只见他把手中的拐杖抛入东海，拐杖像一叶小舟，浮在水面上，载着铁拐李平平安安地到达了对岸。

这时，汉钟离拍了拍手里的响鼓说："看我的。"随后，也把响鼓扔进了海里，他盘腿坐在鼓上，稳稳当当地渡过了东海。

张果老笑咪咪地说："还是我的招数最高明。"只见他掏出一张纸来，折成了一头毛驴，纸驴四蹄落地后，仰天一声长叫，驮着张果老踏浪而去。张果老倒骑在驴背上，向众仙挥挥手，一会儿就到了对岸。

接着，吕洞宾、韩湘子、何仙姑、曹国舅也都用身边带的东西作渡船，一个个平稳地渡过了东海。

七位仙人到了对岸，左等右等不见蓝采和的人影。

原来刚才八仙过海时，惊动了东海龙王的太子，他派虾兵蟹将抓走了蓝采和，还抢去了他的花篮。

吕洞宾找不到蓝采和，又急又恼，他对着东海大声喊道："龙王听着，赶快把蓝采和交出来，要不，当心我的厉害！"

太子听了勃然大怒，冲出海面大骂吕洞宾。吕洞宾拔出宝剑就砍，太子一下子潜入了海底。

吕洞宾哪肯放走他，拔出腰间的火葫芦，把东海烧成了一片火海。

龙王吓得魂不附体，忙问出了什么事。太子只得老老实实地讲出了事情的真相，龙王立即下令放了蓝采和。

八位仙人告别了东海，逍遥自在地去赴神仙会了。

（资料来源：http://yichan.folkw.com/www/minjiangushi/091934885.html，有改动）

（一）解释加点词语

1. "八仙过海，各显神通"，就是关于他们的一段家喻户晓的故事。
2. 咱们不如用自家的拿手本领，踏浪过海，各显神通。
3. 只见他把手中的拐杖抛入东海。
4. 张果老笑咪咪地说："还是我的招数最高明。"
5. 太子只得老老实实地讲出了事情的真相。
6. 吕洞宾找不到蓝采和，又急又恼。
7. 太子听了勃然大怒，冲出海面大骂吕洞宾。

8. 八位仙人告别了东海，逍遥自在地去赴神仙会了。

（二）回答问题

1. "八仙"分别叫什么名字？
2. 铁拐李是怎样过海的？
3. 张果老又是怎样过海的？
4. 蓝采和被谁抓走了？
5. 蓝采和是怎样被救出来的？
6. 在现代汉语中，"八仙过海、各显神通"表示什么意思？

第四单元
现代科技篇

第十三课　动物带来的高科技

神奇的生物钢

生物钢指羊奶钢，也指牛奶钢。羊奶与牛奶，本与钢铁风马牛不相及，但科学家硬是将它们巧妙地结合起来了。

1997年，美国生物学家安妮·穆尔发现，在美国南部有一种被称为"黑寡妇"的蜘蛛，它吐出的丝比现在所知道的任何蛛丝的强度都高，而且它可以吐出两种不同类型的丝织成蜘蛛网：第一种丝在拉断之前，可以延伸27%，它的强度竟达到其他蜘蛛丝的两倍；第二种丝在拉断之前很少延伸，却具有很高的防断裂强度。用这种蜘蛛丝织成的布，比制造防弹背心所用的纤维的强度还高得多。"黑寡妇"蜘蛛丝的优良性能，很快引起科学家的兴趣，他们设想：要是能生产出像蜘蛛丝那样高强度的纤维该多好啊！

科学家想让牛奶的蛋白基因中含有"黑寡妇"蜘蛛丝的蛋白基因，于是就先找山羊进行转基因实验。让山羊与"黑寡妇"蜘蛛"联姻"，将蜘蛛蛋白基因注入一只经过特殊培育的褐色山羊体内，在这只山羊产下的奶中，有大量柔滑的蛋白质纤维，提取这些纤维，就可以生产衣服。实践表明，由转基因羊奶纤维造出的布，比防弹衣的强度还高十几倍。这种超强坚韧的物质，是阻挡枪弹射击的理想材料，也可以用来制造坦克、飞机与装甲车，以及作为军事建筑物的理想"防弹衣"。根据国外的资料，从一只羊每月产下的奶中提取的纤维，可以制成一件防弹背心。美国正在研究如何利用蜘蛛丝的专家称，利用这种纤维制成的25厘米粗的绳子，足以让一架准备着陆的战斗机完全停下来。科学家给这种物质取名叫"生物钢"。羊奶与牛奶变成的"生物钢"，不仅有钢铁的强度，而且可以生物降解，不会造成环境污染，可替代引起白色污染的高强度包装塑料和商业用渔网，还可用做医学方面的手术线或人造肌肤。科学家设想，如果让转基因山羊大量繁殖，就可以生产出大量的生物钢，用于工农业生产与国防建设。考虑到山羊对植被的破坏性，对牛进行转基因实验的前途更为广阔，而且一头牛的产奶量比一只山羊的产奶量高得多。

蝗虫避免撞车的功能

巴西生物工程研究院的科研人员发现，蝗虫在飞行时具有一种能躲避其他运动物体的特殊功能，因为在蝗虫的大脑中，有一种起运动监控作用的神经细胞。科研人员将电子传感器安在这些特殊细胞上，然后让蝗虫反复观看汽车飞驰而来的镜头。结果显示，传感器的电流发生了变化，显示这些细胞曾发出信号，指示蝗虫作出躲避反应。据介绍，科研人员正在根据蝗虫的这一特殊技能，着手研究开发车用行驶监视装置，以帮助减少公路上日益频繁的撞车事故。

蝙蝠拐杖

蝙蝠能在黑暗中自由地飞翔，而不会碰到任何障碍物，靠的是它自身发出的一种超声波。超声波碰到物体后反射回来，蝙蝠就能知道前面有物体，于是会很轻易地躲过障碍。英国利兹大学的研究人员从这个原理中得到了启发，研制出"蝙蝠拐杖"，这种拐杖能发出一种人耳听不见的声纳波，帮助使用者探测障碍物。拐杖的塑料柄上有4个接收器，哪个方向有障碍物哪边的接收器就会震动，使用者就能知道障碍物的具体方位。障碍物远，震动就弱，如果离得很近，震动的速度就加快，拐杖使用者可以及时躲开。

世界上有成千上万的盲人生活在黑暗中，这样可以让他们对周围的环境形成一幅"脑中地图"，他们就可以走出家门，享受外面世界的精彩。

（据西平《动物带来的高科技》，《读者》2005年12期）

生词

1. 神奇　shénqí　（形）非常奇妙。例如："神农架是一个非常神奇的地方。"
2. 巧妙　qiǎomiào　（形）方法或技术等灵巧高明，超过寻常的。例如：构思巧妙；巧妙地运用。
3. 寡妇　guǎfu　（名）死了丈夫的女人。例如："这位寡妇独自带着一个小男孩生活。"
4. 蜘蛛　zhīzhū　（名）节肢动物，身体圆形或长圆形。肛门尖端能分泌黏液，黏液在空气中凝成细丝，用来结网捕食昆虫。例如：蜘蛛织网。
5. 性能　xìngnéng　（名）机械或其他工业制品对设计要求的满足程度。例如："这种产品的性能良好。"
6. 设想　shèxiǎng　（动）想象；假想。例如：大胆设想；不堪设想。

7. 联姻　liányīn　（动）两家由婚姻关系结成亲戚。例如："这两个家族世代联姻。"

8. 培育　péiyù　（动）培养幼小的生物，使它发育成长。例如："科学家正在培育新一代的优良品种。"

9. 提取　tíqǔ　（动）提炼而取得。例如："科学家从羊奶中提取蛋白质纤维。"

10. 坚韧　jiānrèn　（形）坚固有韧性。例如：性格坚韧；质地坚韧。

11. 繁殖　fánzhí　（动）生物产生新的个体，以传代。例如："现在正是田鼠繁殖的高峰期。"

12. 避免　bìmiǎn　（动）设法不使某种情形发生；防止。例如："我们要避免和他们发生矛盾。"

13. 功能　gōngnéng　（名）事物或方法所发挥的有利的作用；效能。例如：功能齐全；功能显著。

14. 信号　xìnhào　（名）用来传递消息或命令的光、电波、声音、动作等。例如：发信号；信号弱。

15. 技能：　jìnéng　（名）掌握和运用专门技术的能力。例如：基本技能；技能低下。

16. 着手　zhuóshǒu　（动）开始做；动手。例如："提高生产要从改进技术着手。"

17. 开发　kāifā　（动）发现或发掘人才、技术等供利用。例如：开发技术；人才开发中心。

18. 频繁　pínfán　（形）（次数）多。例如："交通事故日益频繁，安全成为大问题。"

19. 拐杖　guǎizhàng　（名）拐棍。走路时拄的棍子，手拿的一头多是弯曲。例如：龙头拐杖；竹子拐杖。

20. 轻易　qīngyì　（副）随随便便。例如："不要轻易发表意见。"

21. 探测　tàncè　（动）对于不能直接观察的事物或现象用仪器进行考察和测量。例如：高空探测；探测海的深度。

语言点

（一）硬是

副词，偏偏是；就是。例如：
(1) 我也这么说，他们硬是不往这上面想，你看气人不气人！
(2) 命运硬是捉弄人，它偏偏把埋藏在记忆深处的东西一古脑儿给翻出来。

（二）将

介词，相当于"把"，多用于书面语。例如：
(1) 将革命进行到底。

（三）比

介词，用来比较性状和程度的差别。例如：
(1) 用这种蜘蛛丝织成的布，比制造防弹背心所用的纤维的强度还高得多。
(2) 实践表明，由转基因羊奶纤维造出的布，比防弹衣的强度还高十几倍。
(3) 今天的风比昨天的大。
(4) 他的汉语比我熟练得多。

"一"+量词+"比"+"一"+量词，表示程度的累进。例如：
(1) 人民的生活一年比一年富裕。
(2) 老人一天比一天衰弱。

注意：

"不比……"跟"没（有）……"意思不同。
他不比我高（=他跟我差不多高）
他没（有）我高（=他比我矮）

练习

一、熟读并抄写下列词语

巧妙　　结合　　强度　　延伸　　联姻培育
坚韧　　监控　　飞驰　　频繁　　飞翔柔滑

二、解释下列句子中的加点词语

1. 羊奶与牛奶，本与钢铁风马牛不相及，但科学家硬是将它们巧妙地结合起来了。

2. 科学家想让牛奶的蛋白基因中含有"黑寡妇"蜘蛛丝的蛋白基因，于是就先找山羊进行转基因实验。

3. 因为在蝗虫的大脑中，有一种起运动监控作用的神经细胞。

4. 科研人员正在根据蝗虫的这一特殊技能，着手研究开发车用行驶监视装置，以帮助减少公路上日益频繁的撞车事故。

5. 蝙蝠能在黑暗中自由地飞翔，而不会碰到任何障碍物，靠的是它自身发出的一种超声波。

6. 拐杖的塑料柄上有4个接收器，哪个方向有障碍物，哪边的接收器就会震动，使用者就能知道障碍物的具体方位。

7. 障碍物远，震动就弱，如果离得很近，震动的速度就加快，拐杖使用者可以及时躲开。

8. 这样他们就可以走出家门，享受外面世界的精彩。

三、根据课文内容选词填空

还　据　由　从　根据　比　被　对　给　以

1. 1997年，美国生物学家安妮·穆尔发现，在美国南部有一种_____称为"黑寡妇"的蜘蛛，它吐出的丝_____现在所知道的任何蛛丝的强度都高，而且它可以吐出两种不同类型的丝织成蜘蛛网。

2. 用这种蜘蛛丝织成的布_____制造防弹背心所用的纤维的强度

_____高得多。

3. 实践表明，_____转基因羊奶纤维造出的布，比防弹衣的强度还高十几倍。

4. _____国外的资料，从一只羊每月产下的奶中提取的纤维，可以制成一件防弹背心。

5. 科学家_____这种物质取名叫"生物钢"。

6. 考虑到山羊_____植被的破坏性，对牛进行转基因实验的前途更为广阔，而且一头牛的产奶量比一只山羊的产奶量高得多。

7. _____介绍，科研人员正在根据蝗虫的这一特殊技能，着手研究开发车用行驶监视装置，_____帮助减少公路上日益频繁的撞车事故。

8. 英国利兹大学的研究人员_____这个原理中得到了启发，研制出"蝙蝠拐杖"。

四、选择适当的词语填空

启发　　开发

1. 老师的意见给了我很多_____。
2. 这次出差收获很大，我很受_____。
3. 祖国正在号召我们去_____西部。

性能　　性情

4. 这种机器构造简单，但_____良好。
5. 老年人_____一般都很温和。

实验　　实践

6. 做实验是一种_____活动。
7. 这次化学_____失败了。

造成　　构成

8. 雪大路滑是_____这次事故的主要原因。
9. 研究所的人员_____不太合理。

频繁　　繁忙

10. 最近一段时间，他_____地来上海。

11. 工作_____是一件快乐的事情。

五、运用下列句子中的加点结构造句

1. 生物钢指羊奶钢，也指牛奶钢。

2. 他们设想：要是能生产出像蜘蛛丝那样高强度的纤维该多好啊！

3. 如果离得很近，震动的速度就加快，拐杖使用者可以及时躲开。

4. 巴西生物工程研究院的科研人员发现，蝗虫在飞行时具有一种能躲避其他运动物体的特殊功能，因为在蝗虫的大脑中，有一种起运动监控作用的神经细胞。

5. 用这种蜘蛛丝织成的布，比制造防弹背心所用的纤维的强度还高得多。

6. 根据国外的资料，从一只羊每月产下的奶中提取的纤维，可以制成一件防弹背心。

7. 羊奶与牛奶变成的"生物钢"，不仅有钢铁的强度，而且可以生物降解，不会造成环境污染，可替代引起白色污染的高强度包装塑料和商业用渔网，还可用做医学方面的手术线或人造肌肤。

8. 据介绍，科研人员正在根据蝗虫的这一特殊技能，着手研究开发车用行驶监视装置，以帮助减少公路上日益频繁的撞车事故。

六、根据课文内容，选择正确答案

1. 实践表明，转基因羊奶纤维不能用来制造下列选项中的哪一项？（　　）

　　A. 坦克　　　　　　　　B. 飞机

　　C. 装甲车　　　　　　　D. 钢铁

2. 科学家认为，对牛进行转基因实验的前途更为广阔，是因为（　　）？
   A. 一头牛的产奶量比一只山羊的产奶量少
   B. 牛的数量比山羊多
   C. 山羊对植被有破坏性
   D. 牛比山羊更容易养殖

3. 科学家从蝗虫的特殊功能上得到了什么启发？（　　）
   A. 蝗虫很聪明
   B. 研究开发车用行驶监视装置，以帮助减少公路上日益频繁的撞车事故
   C. 在蝗虫的大脑中，有一种起运动监控作用的神经细胞
   D. 开发车用行驶监视装置，可以避免交通事故

4. "蝙蝠拐杖"不具备下列哪项用途？（　　）
   A. 能发出一种人耳听不见的声纳波
   B. 帮助使用者探测障碍物
   C. 让盲人看到周围的环境
   D. 接受器震动的强弱可以提示拐杖使用者及时躲开障碍物

七、根据课文回答问题

1. 什么是生物钢？
2. "黑寡妇"是什么昆虫？产于何地？它吐出的丝有什么特性？
3. 山羊与"黑寡妇"蜘蛛"联姻"是什么意思？
4. 根据国外的资料，从多少只羊每月产下的奶中提取的纤维，可以制成一件防弹背心？
5. 羊奶与牛奶变成的"生物钢"，除了有钢铁的强度外，还有什么？
6. 蝙蝠为什么能在黑暗中自由地飞翔？
7. "蝙蝠拐杖"的主要功能是什么？如何使用它？
8. 蝗虫为什么具有一种能躲避其他运动物体的特殊功能？

八、请以"动物与发明"为题复述课文

九、作文：运用下列词语，写一个小故事（字数要求：150字以上）

   发明，神奇，着手，轻易，探测，频繁，技能，功能……

十、用连线方法将动物和相关发明联系起来

动物	发明
鸟	直升飞机
蜜蜂	飞机
变色龙	迷彩服
蚕丝	防弹衣
蝙蝠	雷达
荧火虫	薄壳建筑
乌龟	宇航衣
长颈鹿	日光灯

副课文

动物的启示

　　动物在亿万年的漫长进化过程中，逐步形成了各种奇异的构造、特殊的功能和有趣的习性。人们通过长期的观察和研究，从动物身上得到许许多多极其宝贵的启示。人类按照动物的体型结构和特殊功能，创造发明了性能优异的新型机械系统、仪器设备、建筑结构和工艺流程，这就是仿生学。

　　古人看到鱼儿在水中自由地游来游去，是多么羡慕鱼的本领啊！后来模仿鱼的体形做成船体，仿照鱼的胸鳍和尾鳍，制成双桨和单橹，从此人类就能在水上自由行动了。利用鸟的飞行原理,制造了飞机,在蔚蓝色的天空中飞翔,实现了人类梦寐以求的飞上天空的愿望。

通过研究狗的鼻子,人类制成了小型、快速、灵敏的自动分析仪——"电子鼻",可以用于化学、食品工业,也可以用于分析矿井、仓库、潜艇和宇宙飞船座舱里的气体成分,还可以用于探矿和作输气管道的检漏。现在还研究成功了"电子警犬",可以用来测定毒气,检测染料、漆、酸、氨、苯、瓦斯及新鲜苹果和香蕉的气味,可以测定气体一千万分之一的浓度,其灵敏度已达到了狗鼻的水平,还可以用作侦缉工作。

通过研究鱼的呼吸器官——鳃,人类模仿鱼鳃的结构,用两层硅橡胶薄膜做成了具有鳃的功能的半透明膜,可以作为人在水中呼吸使用的"人工鳃"。人类还根据鳄鱼排盐的机理,制成了高效的"淡化器",可以用于提取某些分散状态的元素……

苍蝇的眼睛是六千至八千只小眼组成的,叫复眼。人类模仿苍蝇的眼睛,制成了"复眼照相机"。在人造卫星上装上这种照相机,一次能拍下一千三百二十九张不同的照片,可用于复制电子计算机的特别精细的显微线路。如果用这种照相机进行邮票印刷的制版工作,在一块板上印二十五张邮票,一次拍照就可以制成一块版。而用普通照相机,则要一张一张地拍二十五次。

人类研究了卵生动物的卵壳,薄而坚固,耐压力强。模仿卵壳的外形特点,创造了"薄壳结构",省料耐压,广泛应用在建筑工程上。

人类通过研究萤火虫等生物的发光,正在进一步造出新型的高效人工冷光源。如果能创造出一种像生物放光的物质一样,涂在室内墙壁上,白天能接受光照,贮存能量,夜晚就自然地发出光亮来,那该是多好啊!

可见,研究动物的特点,有助于开阔眼界,解放思想,大胆想象,勇于实践,从而设计出各种各样的工程机械蓝图,创制出更加精致、完善的现代技术装置。

(资料来源:http://www.bast.net.cn)

（一）解释加点词语

　　1. 动物在亿万年的漫长进化过程中，逐步形成了各种奇异的构造、特殊的功能和有趣的习性。

　　2. 人们通过长期的观察和研究，从动物身上得到许许多多极其宝贵的启示。

　　3. 古人看到鱼儿在水中自由地游来游去，是多么羡慕鱼的本领啊！

　　4. 从鸟的飞行原理，制造了飞机，在蔚蓝色的天空中飞翔，实现了人类梦寐以求的飞上天空的愿望。

　　5. 通过研究鱼的呼吸器官——鳃，人类模仿鱼鳃的结构，用两层硅橡胶薄膜做成了具有鳃的功能的半透明膜，可以作为人在水中呼吸使用的"人工鳃"。

　　6. 模仿卵壳的外形特点，创造了"薄壳结构"，省料耐压，广泛应用在建筑工程上。

　　7. 如果能创造出一种像生物放光的物质一样，涂在室内墙壁上，白天能接受光照，贮存能量，夜晚就自然地发出光亮来，那该是多好啊！

　　8. 可见，研究动物的特点，有助于开阔眼界，解放思想，大胆想象，勇于实践，从而设计出各种各样的工程机械蓝图，创制出更加精致、完善的现代技术装置。

（二）回答问题

　　1. 人们从动物身上得到了哪些宝贵的启示？
　　2. 通过研究狗的鼻子，人类模仿制成了什么？
　　3. 人类模仿苍蝇的眼睛制成了什么？它有什么作用？
　　4. 你还知道哪些发明和动物相关？

第十四课　器官移植和细胞记忆

2005年盖里·希瓦兹教授与同事在著名学术期刊 Nexus Magazine 发表了《器官移植和细胞记忆》，文中摘记了受访的10个心脏移植手术患者情况，及他们的亲友和器官捐赠者的亲属。让人惊讶的是他们其中有2~5人身上出现了一些变化，而这些变化恰恰反映了捐赠者生前的性格、嗜好、经历和性情。

梦见捐献者被害时刻

一段莫名其妙的场景出现在梦境中也许没有什么值得惊讶的，但是当这一场景不断反复出现的时候，心脏移植手术患者本按捺不住好奇心去探究，原来他"继承"了捐赠者的生命中最后的经历。

本是一名大学教授，56岁时患有动脉硬化和心肌缺血性萎缩症而接受了心脏移植手术，当时本教授只知道心脏原属于一个34岁健康男子卡尔。

心脏移植手术后的几个星期后，本不断地做同样的梦："眼前一道强光闪过，脸庞灼热难耐，随后就会在闪过一道白光中瞥见一个大胡子男人出现，最后脸庞被烧伤……"

不管白天黑夜，只要一入睡，这样的画面总是会出现在本的梦里。

于是，本与卡尔的妻子取得联系，并获得重大发现：卡尔是一名警察，在逮捕毒品贩子时，被毒品贩子和子弹射中脸庞和头部后去世。"卡尔最后看到的应该是一道闪电。"卡尔的妻子说。

而根据目击者描述而形成的画像看，那个毒品贩子留着长长的大胡子，眼睛深邃，表情平静，确实与梦中的大胡子有神似之处。

穿越生命爱上你

18岁的女孩丹尼，因患有心内膜炎及并发症，接受了心脏移植手术。丹尼说："看到捐赠者——同龄男孩子保罗的照片时，立刻就把他认出来，我可以在千万人中把他认出来。"

"我觉得保罗就在我的身体里，也许在一段时空里保罗与自己是一对恋人。"丹尼说。第一次听保罗以前做的音乐，她就可以随着音乐把歌词唱下去。而之前，丹尼不善音律，但现在她喜欢音乐，想学弹吉他。

据保罗家人说，保罗生前喜欢写诗、作曲。他车祸死后一年，家人才着手整理他的遗物，并发现了一本保罗不曾给大家看过的诗集，其中一首诗让大家很震惊。在诗中他预见到了自己将会意外死去，保罗还写了一首曲子名字叫《丹尼，我的心属于你》，歌中保罗写到自己将死，并想把心脏捐献出来。

47岁的身体，14岁的笑声

47岁的身体，14岁的心脏，心脏移植手术让中年男子重焕生命光彩，同时也让捐献者的窃窃笑声留在了人间。

47岁的格斯曾被诊断出体内有良性粘液瘤并患有心肌症，因此接受了心脏移植手术。手术后格斯觉得获得了新生，精力像一个十几岁的孩子，对世界充满好奇。格斯不仅仅是身体年轻了，觉得心智也年轻了。

格斯的哥哥说："现在格斯就是一个十几岁的少年，至少他自己是这样认为的。我们一起去打保龄球，他总是傻呵呵地欢蹦乱跳，有时还会像小女孩一样窃窃地笑。"

后来，格斯才知道心脏捐赠者是个14岁小女孩，是个体操运动员，身材轻巧，并且热爱生活。据小女孩的妈妈说，小女孩总是像个小猫似的跳来蹦去，她窘迫的时候就会发出小鸟一样窃窃的笑声。

格斯手术后一直食欲不振，即使感觉饿了，吃饱东西就想吐，吐出来就觉得舒服多了。小女孩妈妈说，小女孩生前有轻微的厌食症。

如何解释本梦到卡尔死前的经历，丹尼能自如地唱出保罗的歌曲，格斯能发出少女的窃笑？希瓦兹教授用"细胞记忆"来解释这些现象，所谓"细胞记忆"就是人体的所有重要器官都拥有某种"记忆"功能。因而接受器官移植的患者必将从器官捐赠者身体上"继承"某些基因。其中一些基因决定了人的思维方式、行为方式，甚至是口味的偏好。

希瓦兹教授宣称他的研究证明：至少百分之十的人体主要器官移植患者——包括心脏、肺脏、肾和肝脏移植患者，都会或多或少"继承"器官捐赠者的性格和爱好，一些人甚至继承了器官捐赠者的智慧和天分。希瓦兹教授将在英国伦敦的一个会议上披露他的惊人证据。

（据王晓楠《器官移植和细胞记忆》，《上海壹周》2006年3月22日）

生词

1. 器官　qìguān　（名）构成生物体的一部分，由数种细胞组织构成，能担任某种独立的生理机能。例如：肾脏器官；器官移植。

2. 移植　yízhí　（动）将机体的一部分组织或器官补在同一机体或另一机体的缺陷部分上，使它逐渐长好。例如：肾脏移植；肝脏移植。

3. 患者　huànzhě　（名）患某种疾病的人。例如：肝炎患者；门诊患者。

4. 亲属　qīnshǔ　（名）跟自己有血缘关系或婚姻关系的人。例如：直系亲属；手术前需要亲属签名。

5. 嗜好　shìhào　（名）特殊爱好（多指不良的）例如："他没有别的爱好，就喜欢喝点儿酒。"

6. 性情　xìngqíng　（名）性格。例如：性情温和；性情急躁。

7. 捐赠　juānzèng　（动）赠送。例如：捐赠图书；器官捐赠者。

8. 灼热　zhuórè　（形）像火烧着、烫着那样热。例如：灼热的心；灼热的炉子。

9. 瞥见　piējiàn　（动）一眼看见。例如："在街上，无意间瞥见了多年不见的朋友。"

10. 脸庞　liǎnpáng　（名）指脸的形状、轮廓。例如：鸭蛋形脸庞。

11. 遗物　yíwù　（名）古代或死者留下的物品。例如：飞机失事后，人们找到了乘客的部分遗物。

12. 诊断　zhěnduàn　（动）检查病人的症状后判定病人的病症及其发展情况。例如：诊断书；仔细诊断。

13. 新生　xīnshēng　（名）新的生命。例如：获得新生。

14. 窘迫　jiǒngpò　（形）十分为难。例如：处境窘迫；经济窘迫。

15. 厌食　yànshí　（动）食欲不振；不想吃东西。例如："这种药专治小儿厌食。"

16. 自如　zìrú　（形）不拘束；不变常态。例如：神态自如；自如地演唱。

17. 所谓 suǒwèi （形）所说的。例如："所谓共识，就是指共同的认识。"
18. 天分 tiānfèn （名）天资；天生就有的特殊能力。例如："她在艺术上很有天分。"
19. 披露 pīlù （动）发表；公开。例如：全文披露；披露会议内容。

语言点

（一）与

1. 连词，和。表示并列。用于书面。例如：

(1) 2005年盖里·希瓦兹教授与同事在著名学术期刊 Nexus Magazine 发了《器官移植和细胞记忆》。

(2) 成与不成，在此一举。

2. 介词，和，向。例如：

(1) 与你牵手，走完人生。

(2) 与小刘相比，小王更聪明。

（二）根据

介词，表示以某种事物或动作行为为前提或基础。

1. 根据+名词。用在主语前时，有停顿。例如：

(1) 这首歌是根据民歌改编的。

(2) 根据目前的情况，我们还不能做出决定。

2. 根据+动词。用在主语前，有停顿。例如：

(1) 根据调查，吸引有害健康。

(2) 根据天气预报，明天有小雨。

3. 根据后面的动词用如名词，不能带宾语；前面如有表示施事的名词，中间往往加"的"。例如：

（1）而根据目击者描述而形成的画像看，那个毒品贩子留着长长的大胡子，眼睛深邃，表情平静，确实与梦中的大胡子有神似之处。

（2）根据我们的了解，这件事情与他有很大关系。

（三）因而

连词，表示结果。例如：

（1）希瓦兹教授用"细胞记忆"来解释这些现象，因而接受器官移植的患者必将从器官捐赠者身体上"继承"某些基因。

（2）我没有完成作业，因而受到老师的责备。

（四）至少

副词，表示最小的限度。例如：

（1）至少百分之十的人体主要器官移植患者——包括心脏、肺脏、肾和肝脏移植患者，都会或多或少"继承"器官捐赠者的性格和爱好。

（2）今天到会的人至少有三千人。

（3）从这儿走到学校，至少要半个小时。

练习

一、熟读并抄写下列词语

发表　　捐赠　　嗜好　　梦境　　探究
萎缩　　灼热　　逮捕　　贩子　　窘迫
莫名其妙　　按捺不住　　食欲不振　　跳来蹦去

二、解释下列句子中的加点词语

1. 文中摘记了受访的 10 个心脏移植手术患者情况，及他们的亲友和器官捐赠者的亲属。

2. 让人惊讶的是他们其中有 2～5 人身上出现了一些变化，而这些变化恰恰反映了捐赠者生前的性格、嗜好、经历和性情。

3. 心脏移植手术患者本按捺不住好奇心去探究，原来他"继承"了捐赠者的生命中最后的经历。

4. 随后就会在闪过一道白光中瞥见一个大胡子男人出现，最后脸庞被烧伤……

5. 穿越生命爱上你。

6. 而之前，丹尼不善音律，但现在她喜欢音乐，想学弹吉他。

7. 47 岁的身体，14 岁的心脏，心脏移植手术让中年男子重焕生命光彩，同时也让捐献者的窃窃笑声留在了人间。

8. 小女孩妈妈说，小女孩生前有轻微的厌食症。

9. 其中一些基因决定了人的思维方式、行为方式，甚至是口味的偏好。

10. 一些人甚至继承了器官捐赠者的智慧和天分，希瓦兹教授将在英国伦敦的一个会议上披露他的惊人证据。

三、选择适当的词语填空

披露　　暴露

1. 他们偷窃的事情被媒体_____了。
2. 我的身份暂时不能_____。

嗜好　　爱好

3. 他没有别的_____就喜欢喝点儿酒．
4. 我的_____就是运动。

天分　　天才

5. 他是一个_____的音乐家。

6. 智慧和_____往往决定一个人的成败。

据　根据

7. _____说他已经回国了。

8. _____我的看法，学习主要还是靠个人。

四、完成下列短语

1. 填写合适的量词

一（　　）学生　　一（　　）男子　　一（　　）警察

一（　　）闪电　　一（　　）恋人　　一（　　）曲子

一（　　）场景　　一（　　）教授

2. 用相同的方式构词

（　　）者　　（　　）者　　（　　）者

（　　）脏　　（　　）脏　　（　　）脏

（　　）员　　（　　）员　　（　　）员

五、运用下列句子中的加点结构造句

1. 不管白天黑夜，只要一入睡，这样的画面总是会出现在本的梦里。

2. 他车祸死后一年，家人才着手整理他的遗物。

3. 47岁的格斯曾被诊断出体内有良性粘液瘤并患有心肌症，因此接受了心脏移植手术。

4. 小女孩总是像个小猫似的跳来蹦去。

5. 希瓦兹教授用"细胞记忆"来解释这些现象，因而接受器官移植的患者必将从器官捐赠者身体上"继承"某些基因。

6. 所谓"细胞记忆"就是人体的所有重要器官都拥有某种"记忆"功能。

7. 至少百分之十的人体主要器官移植患者——包括心脏、肺脏、肾和肝脏移植患者，都会或多或少"继承"器官捐赠者的性格和爱好。

六、据课文内容，选择正确的答案

1. 第一段主要说明了（　　）

   A. 2005年盖里·希瓦兹教授与同事在著名学术期刊 *Nexus Magazine* 发表了《器官移植和细胞记忆》

   B. 文中摘记了受访的10个心脏移植手术患者情况

   C. 文中摘记了患者的亲友和器官捐赠者的亲属

   D. 一些心脏移植手术患者身上出现了一些奇怪的变化

2. 如何解释本梦到卡尔死前的经历，丹尼能自如地唱出保罗的歌曲，格斯能发出少女的窃笑？下列答案中不正确的一项是？（　　）

   A. 人体的所有重要器官都拥有某种"记忆"功能

   B. 器官移植者可能会"继承"器官捐赠者的性格和爱好

   C. 器官移植者与器官捐赠者很熟

   D. 器官移植者可能会"继承"器官捐赠者的智慧和天分

3. 根据希瓦兹教授的研究，下列哪种器官移植者不会"继承"器官捐赠者的性格、爱好、智慧和天分？（　　）

   A. 心脏　　　B. 肺脏　　　C. 肾和肝脏　　　D. 皮肤

4. 下列句中"与"的语法作用相同的是（　　）

   A. 2005年盖里·希瓦兹教授与同事在著名学术期刊 *Nexus Magazine* 发了《器官移植和细胞记忆》

   B. 于是，本与卡尔的妻子取得联系，并获得重大发现

   C. 表情平静，确实与梦中的大胡子有神似之处

七、根据课文回答问题

1. 捐赠者和移植者之间会有什么情况发生？
2. 本的身份是什么？他为什么要接受心脏移植手术？

3. 杀害卡尔的毒品贩子长得什么样？

4. 保罗曾在诗中预见到了自己将会意外死去，并想把心脏捐献出来。你能解释这种奇异的事情吗？

5. 格斯的精力为什么像一个十几岁的孩子一样旺盛？

6. 希瓦兹教授用什么来解释这些奇异现象？

八、请以"器官捐赠者和移植者的关系"为题复述课文

九、作文：运用下列词语，写一个小故事（字数要求：150字以上）

性格，经历，场景，好奇心，探究，发现，神似，震惊，生活，热爱……

十、看下面的漫画后讨论问题

1. 在接受新的心脏、肺或肝的同时，接受者是否可能也接受了捐献者的喜好、憎恶、记忆、情感特征和性格倾向呢？

2. 如果记忆能够移植，岂不意味着将来被移植了猪心脏的人也有了猪的记忆，会出现猪一样的行为？

（图片来源：http：//www.sina.com.cn，2004年12月15日11:38，北京科技报）

第十四课
器官移植和细胞记忆

副课文

海龟的记忆力

　　海龟有惊人的记忆力。当幼龟脱壳后,就本能地连头也不回,匆匆忙忙爬回大海。这个过程虽只有数分钟,但幼龟已记住它有生以来第一次接触到的海水的气味,并且终生不忘。15 至 30 年后,这些海龟会千里迢迢正确无误重返自己出生的故乡,繁殖后代。为了揭示海龟重返故乡的秘密,美国学者最近做了一些饶有趣味的实验。最近几年来,美国鱼类和海生动物管理局每年从墨西哥沿海收集约 2000 只海龟卵。收集的方法是当母龟产卵时,不让卵落入沙坑,而直接落入塑胶袋中。然后装入灌有德克萨斯州潘德雷岛沙粒的箱子里,运回潘德雷岛沙滩,等孵出幼龟后,给它们做上标记,让它们爬入大海。等这些幼龟游了 15 米时,把它们捞起,放入德克萨斯州的加尔沃斯顿海域。不久,这些幼龟会不约而同地返回潘德雷的海域中,没有一只重返它们的墨西哥海滩出生地。这个实验令人信服地表明,尽管这些海龟出生于墨西哥,但没有接触到那儿的环境,它们第一次嗅到的是潘德雷岛的环境因素——海水,所以并不留恋加尔沃斯顿海域的水质,而对潘德雷岛海水怀有特殊的感情。德克萨斯州农业机械学院的研究小组也对这批海龟做了有趣的实验,他们制备了一只水槽,把槽分成四个隔水区,连续不断地灌入不同海域的海水。虽说这些隔水区是隔水的,但中间有一条通道相互连通。前两个隔水区灌入其他地方的海水,第三个灌入潘德雷岛的海水,第四个灌入加尔沃斯顿的海水,再将幼龟置入槽中,看它们进入哪一个隔水区。实验结果表明,尽管一开始大部分幼龟都进入第四隔水区,但不久都进入潘德雷岛海水的隔水区,上述两个试验所用的方法虽然有所不同,但都证明海龟对第一次嗅到的气味具有惊人的记忆能力。

（据高山《发现之旅》,内蒙古大学出版社,2003 年）

（一）解释加点词语

1. 海龟有惊人的记忆力。当幼海龟脱壳后,就本能地连头也不回匆匆忙忙爬回大海。

  2. 这个过程虽只有数分钟，但幼海龟已记住它有生以来第一次接触到的海水的气味，并且终生不忘。

  3. 15 至 30 年后，这些海龟会千里迢迢正确无误重返自己出生的故乡，繁殖后代。

  4. 为了揭示海龟重返故乡的秘密，美国学者最近做了一些饶有趣味的实验。

  5. 不久，这些幼龟会不约而同地返回潘德雷的海域中，没有一只重返它们的墨西哥海滩出生地。

  6. 所以并不留恋加尔沃斯顿海域的水质，而对潘德雷岛海水怀有特殊的感情。

（二）回答问题

  1. 当幼海龟脱壳后，第一件事是做什么？
  2. 海龟多大时开始成熟并繁殖后代？
  3. 海龟为什么能重返故乡？
  4. 美国学者用什么方法证明了海龟对第一次嗅到的气味具有惊人的记忆能力？

第五单元
中外交流篇

浙江大学
学术文库

第十五课　话说多音字

甲：我学汉语已经三年了。

乙：那你的汉语一定说得不错！

甲：看还可以，说不行，我最怕念课文。

乙：为什么？

甲：汉语里多音字太多了！好多字都有两个读音，一不留神就念错。

乙：是吗？

甲：比如咱俩说相声。"说相声"三个字，就有两个是多音字："说"字还有一个读音念shuì，"相"字又念xiāng，"声"字还要念轻声，要是不懂啊，就念成"shuì xiāng shēng"了，你说人家能听懂吗？

乙：是听不懂。

甲：不光听不懂，有时候念错了，还会让人发生误会。比如说这段话："大家都别说了，该我说了，我就说一会儿，我说完你们大家再说。"要是把这段话里的"说"字念成shuì，那就麻烦了。

乙：怎么了？

甲：大家都别shuì了，该我shuì了，我就shuì一会儿，我shuì完你们大家再shuì。

乙：好嘛！就许他一个人睡觉！

甲：有几对儿多音字我就老分不清。

乙：哪几对儿？

甲：一对儿是"躲藏"的"藏（cáng）"和"西藏"的"藏（zàng）"。上次我念一段相声："小王，好久没露面了，你藏（cáng）哪儿了？我当你去西藏（zàng）了，闹了半天，你藏（cáng）这儿啦！"

乙：你怎么念的？

甲：我不会念哪，全念反了："小王，好久没露面了，你 zàng 哪儿了？我当你去西 cáng 了，闹了半天，你 zàng 这儿啦！"

乙：嘿！给活埋啦！

甲：还有一对儿是"自行车"的"行（xíng）"和"银行"的"行（háng）"。上次考试，老师给了我一段话。

乙：哪段话？

甲：我骑着自行（xíng）车，来到人民银行（háng）见了行（háng）长，我给他行（xíng）了个礼。

乙：嗯！这段话里又有 xíng 又有 háng。

甲：本来这段话我会说，可考试的时候一紧张，我全念错了。

乙：怎么错的？

甲：我骑着自 háng 车，来到人民银 xíng，见了 xíng 长，我给他 háng 了个礼。

乙：这都是什么呀？

甲：多音字学多了，慢慢我也摸着一点儿规律。

乙：你摸着什么规律啦？

甲：我发现，"中华"的"华"、"城区"的"区"、"菜单"的"单"、"仇恨"的"仇"，这都是常用字吧，可它们都还有一个不常用的读音。

乙：它们还念什么？

甲：在作姓的时候，"华（huá）"念 huà，"区（qū）"念 ōu，"单（dān）"念 shàn，"仇（chóu）"念 qiú。

乙：还真是这样。

甲：后来我就摸着了这条规律，一看到有常用字作姓的时候，我就想：会不会有别的读音啊？一查字典，还真发现一些多音字。

乙：你很会总结经验啊！

甲：你还夸我呢？我倒霉就倒霉在这上头了！

乙：怎么啦？

甲：上学期期末考试，有一位老师到我们班监考。我从课表上知道，这位老师姓石，"石头"的"石"。考试的时候，我有问题想问老师，刚要张口，忽然想起这"石"字还有一个不常用的读音，念 dàn，对，这 dàn 一定是姓，于是我就叫："石（dàn）老师——"

乙：好嘛！老师成鸡蛋啦？

甲：这一下教室里笑翻了天。那老师一生气，以为我是故意捣乱，把我的考卷拿走了，你说我冤不冤哪！

乙：那怪谁呀！

（资料来源：http://www.zuowen.com/Article/Article375.htm，有改动）

生词

1. 留神　liúshén　（动）注意，小心（多指防备危险或错误）。例如："天在下雨，路很滑，他一不留神，摔了一跤。"

2. 相声　xiàngsheng　（名）一种曲艺，用说笑话、说唱等引起观众发笑。分单口相声、对口相声和多口相声。例如："他很擅长说相声。"

3. 说　shuì　（动）用话劝说使人听从自己的意见。例如："我没能说服他去参加比赛。"

4. 躲藏　duǒcáng　（动）把身体隐蔽起来，使人看不见。例如："为了不被人发现，他躲藏在门后。"
5. 露面　lòu miàn　（离）显露出来（多指人出来交际应酬）。例如："他很久没露面了，不知在忙什么。"
6. 当　dāng　（动）以为，认为。例如："他没提任何问题，我当他都懂了呢。"
7. 闹　nào　（动）弄，搞。例如："我们以为你出去逛街了，闹了半天，你一直在宿舍。"
8. 反　fǎn　（形）颠倒的，方向相反的（跟"正"相对）。例如："我第一次自己穿鞋子的时候，把鞋子穿反了。"
9. 活埋　huómái　（动）把活人埋起来弄死。例如："在那次爆炸事件中，他的父母被泥土碎石活埋了。"
10. 摸着　mōzháo　通过思考、研究而发现、懂得。例如："听了半天，我总算摸着了他的思路。"
11. 城区　chéngqū　（名）城里和靠城的地区（区别于"郊区"）。例如："他在城区买了一套公寓。"
12. 仇恨　chóuhèn　（动）强烈憎恨。例如："热爱人民，仇恨敌人。"（名）心中产生的强烈憎恨。例如："他心中燃烧着仇恨的怒火。"
13. 倒霉　dǎoméi　（动）遇事不利，遭遇不好。例如："真倒霉，赶到车站车刚开走。"
14. 末　mò　（名）最后；末尾。例如："看来我赶不上末班车了。"
15. 监考　jiānkǎo　（动）监视应考的人，使遵守考试纪律。例如："我认识他，他是我们上次HSK考试的监考老师。"
16. 课表　kèbiǎo　（名）学校的课程表。例如："开学了，同学们都拿到了课表。"
17. 捣乱　dǎoluàn　（动）进行破坏；扰乱。例如："老师，他这是故意捣乱，请让他离开教室。"
18. 考卷　kǎojuàn　（名）考试的卷子。例如："请在考卷上写自己的名字。"
19. 冤　yuān　（形）受到不公正的对待。例如："她明明没做错什么，却受到了责备，真冤！"

语言点

（一）是

表示肯定。"是"要重读，不能省略，有"的确、实在"的意思。例如：
(1) 他说得太快，是听不懂。
(2) 小马是聪明，脑子转得特别快。

"是"不重读时，可省略，只表示一般肯定。例如：
(1) 我（是）问问，没有别的意思。
(2) 她笑得（是）那样甜，那样可爱。

（二）不光……还……

关联词，连接递进复句。还可以说"不仅……还"、"不但……还"。例如：
(1) 不光听不懂，有时候念错了，还会让人发生误会。
(2) 我不光要还您水和面包钱，还要给您老人家买好吃的。

（三）动词/形容词 + 就 + 动词/形容词 + 在

"在"后面是动词或形容词所说的内容。例如：
(1) 我倒霉就倒霉在这上头了！
(2) 太湖美呀太湖美，美就美在太湖水。

（四）动词 + 翻了天

表示很厉害，程度很深。例如：
(1) 教室里笑翻了天。
(2) 一听说这个周末集体出去旅游，大家都乐翻了天。

练习

一、熟读并抄写下列词语

读音　　　相声　　　躲藏　　　露面　　　仇恨

监考　　　捣乱　　　考卷　　　倒霉　　　轻声

一不留神　　　总结经验　　　人民银行　　　多音字

二、解释下列加点词语

1. 好多字都有两个读音，一不留神就念错。
2. 有时候念错了，还会让人发生误会。
3. 就许他一个人睡觉。
4. 我给他行了个礼。
5. 多音字学多了，慢慢我也摸着一点儿规律。
6. 你很会总结经验啊。
7. 那老师一生气，以为我是故意捣乱，把我的考卷拿走了，你说我冤不冤哪！
8. 小王，好久没露面了，你藏（cáng）哪儿了？

三、标出下列加点字的拼音

1. 说相声（　　　）
2. 我骑着自行（　　　）车，来到人民银行（　　　），见了行（　　　）长，我给他行（　　　）了个礼。
3. 小王，好久没露面了，你藏（　　　）哪儿了？我当你去西藏（　　　）了，闹了半天，你藏（　　　）这儿啦！
4. 大家都别说（　　　）了，该我说（　　　）了，我就说（　　　）一会儿，我说（　　　）完你们大家再说。

四、请写出下列多音字的音和义（至少两个）

区　　　　　朝　　　　　便
曾　　　　　单　　　　　长
发　　　　　干　　　　　得
还　　　　　好　　　　　教

五、运用下列句子中的加点结构造句

1. 好多字都有两个读音，一不留神就念错。
2. 不光听不懂，有时候念错了，还会让人发生误会。
3. 本来这段话我会说，可考试的时候一紧张，我全念错了。
4. 这一下教室里笑翻了天。
5. 看还可以，说不行，我最怕念课文。
6. 我倒霉就倒霉在这上头了。

六、用指定词语完成句子

1. 我以为你在房间复习功课呢，_____。（闹了半天）
2. 看了这篇小说，我以为作者是一位温柔的女性，_____
   _____。（闹了半天）
3. 污染空气的物质有很多，_____。（比如）
4. 我看过一些中国电影，_____。（比如）
5. 看到孩子的房间里乱糟糟的，_____。（于是）
6. 当我感到月台上时，火车已经缓缓开动了，_____
   _____。（于是）

七、请以"我所知道的多音字"为题复述课文

八、回答问题

1. 你觉得汉语多音字难学吗？
2. 多音字给你带来过麻烦吗？
3. 你学习多音字有什么好办法吗？

九、作文：运用下列词语，写一个小故事（字数要求：150字以上）

留神，误会，麻烦，许，规律，总结，夸，倒霉，故意，冤……

十、阅读下面的笑话，说说它的大意

错字县长

古代有个富家子弟，认识不了几个字，拿钱买了个县令。有一天，县令要审案，下属把名单递给他，上面写着原告：郁工耒(lěi)；被告：齐卞丢；证人：新釜。

县官先点原告的名字，但却错念成："都上来！"于是三人都跑了上来。县令不由发怒说："本官只叫原告，你们怎么都上来了？"他的下属忙说："原告的名字叫郁工耒，不叫'都上来'。"县官又点被告的名字，却误叫成"齐下去"，三个人又一齐走下。县令勃然大怒道："我只叫被告一人，为啥你们都跑了？"下属又对他说："被告——叫齐卞丢，不叫'齐下去'。"县令火消了一些，问："照你这么说，证人的名字又该念什么呢？"下属说："叫新釜。"县令听了，怒气全消，笑着说："要不是你告诉我，我差点要叫他做'亲（親）爹'呢！"

副课文

"枕头"不是"针头"

对外国人来说,学习汉语经常出现发错音、用错字、产生误会的情况。我就因为没有掌握正确的汉语发音,有过许多尴尬的经历。

记得刚到冬天的时候,宿舍里很冷,我去商店买被子。我问售货员:"你们这儿有杯子(被子)吗?"她说,当然有,然后从柜台里拿出一个杯子说:"这个行吗?"我一下子明白是自己的发音错了,但是那个时候我却怎么也说不对,只好一边说着"我要杯子(被子),不要杯子",一边作出瑟瑟发抖的样子。

还有一次,我来中国以后,觉得枕头很硬,想去商店买个软一点儿的。我对售货员说:"您好,我要买个针头(枕头)。"她说:"我们的商店不卖针头。"这下可把我弄糊涂了。我明明看见货架上放着一堆枕头,她怎么说没有呢?于是我慢慢地重复说:"我要买一个针头(枕头)。"她也慢慢地回答:"我们这儿没有针头。"眼看自己是说不明白了,我连忙指着她的身后说:"那是什么?"她笑了:"哦,那是枕头,不是针头。"

我遇到的最尴尬的事情是理发。有一天,我去理发店,告诉理发师:"我要剪半寸。"理发师说,没问题。他让我坐下,开始理发。他剪头的时候,我睡着了。睡着睡着,有人在我肩上拍了一下,原来是理发师。他说:"成了,照照镜子吧。"我一看镜子吓了一跳。我想让他剪掉半寸,可是理发师给我剪了个板寸,头发只有半寸长。

(据葛沛迪《"枕头"不是"针头"》,《环球时报》2002年3月7日)

（一）解释加点词语

1. 我就因为没有掌握正确的汉语发音，有过许多尴尬的经历。
2. 我想让他剪掉半寸，可是理发师给我剪了个板寸，头发只有半寸长。
3. 这下可把我弄糊涂了。
4. 我明明看见货架上放着一堆枕头，她怎么说没有呢？
5. 他说："成了，照照镜子吧。"
6. 我只好一边说着"我要杯子（被子），不要杯子"，一边作出瑟瑟发抖的样子。
7. 我一下子明白，是自己的发音错了。
8. 眼看自己是说不明白了，我连忙指着她的身后说："那是什么？"

（二）回答问题

1. 中文是一种很难学的语言吗？谈谈你的体会
2. 你出现过发错音、用错字、产生误会的情况吗？请举例。

第十六课　京剧走进美国校园

2004年9月27日,一支以中国戏曲学院学生和各剧团演职员组成的京剧演出团队,踏上了美国巡演之路。与众不同的是,主演是在中国学习京剧十余年,被誉为"国际猴"的英国人格法。

从2002年始,格法已经连续三年到美国、新加坡、马来西亚进行讲学和演出,他不满足于小范围的文化交流,他想要组建自己的剧团,把京剧艺术更全面地介绍到世界各地。在他的努力下,这次美国巡演突破了以往两三人的组队模式,开始了有规模的兵团作战。

演出的承办方美国康奈尔大学对这次活动相当重视,他们与十几所大中院校接触,希望能够为学生们了解东方艺术作出一些努力。

10月1日演出开始前,为了能够让更多的美国人详细透彻地理解剧情,我和负责这次美国之行的演出经理艾迪先生,尝试着用中、英文并举的方式介绍剧情和教着念《闹天宫》,结果在演出过程中收到了意想不到的效果。

格法扮演的孙悟空头戴金花帽,玉带围腰,脚登高靴,身着蟒袍,手舞足蹈,一派猴王气概,好不威风。"偷桃"、"盗丹"这两场戏,格法把美猴王喜、笑、怒、骂的神情、心态表现得活灵活现。中国戏曲学院的几位学生陆续登场,他们的表演准确到位,身手矫健,各自展示了扎实的戏曲武功。台下的近千名外国观众被他们的表演深深吸引,而格法睿智、即兴的英语念白又把大家逗得哈哈大笑。孙悟空几段诙谐、幽默的对打，面对貌似凶恶的巨灵神、笨手笨脚的罗睺、心高气盛的小哪吒，神通广大的孙悟空不急不躁，施展浑身的本领，使他们洋相百出，狼狈而逃。格法极具神韵的表演为观众勾勒出了一个武艺高强、狂妄自大却又喜欢调皮的猴王形象，演出获得了巨大的成功。康奈尔大学的校长观看演出后，向格法表示了衷心的祝贺。不少学生和观众在演出结束后来到后台，追逐着演员们，要求签字留念。

在有着古老英国风情的小城朴茨茅斯，演出的海报贴满了广告栏和店铺橱窗。演出那天，观众有近千人之多，这在人口稀少的朴茨茅斯也可以算得上是一次盛况了。开演前，一位白发苍苍的老夫人告诉我："二十年前到过中国，参观了北京的长城、故宫，还看过京剧，京剧太美了！"此时，旁边一位工作人员拿出几张照片，这是她2003年去中国旅游时在北京的梨园剧场拍的，上面那几位是我所熟识的北京京剧院的老师们。这一晚的演出，剧场里人声鼎沸。也许我们在传播京剧艺术的同时，也给人们带来了欢乐。

在塞斯·劳伦斯这所艺术类型的大学，我们通过近距离的接触让西方的孩子开始认识这门艺术，邀请他们走上舞台学习踢腿、翻身和旋子基本功。学生们都是舞蹈专业的，可是在不同门类的训练方法面前还是累得上气不接下气，但还是体会到了京剧与西方艺术的不同之处，都流露出满足的神情。格法用英语把京剧的行当、表演的身段、伴奏的音乐，向孩子们进行了讲解和展示。这种深入到学生中间言传身教式的讲学，激起了学生们的好奇心，尤其是看到五色的油彩一笔笔地在脸上勾画出京剧脸谱，还亲手去触摸并敲响京剧的伴奏乐器，让全场的孩子们为之疯狂。

两个月的时间，我们从纽约到俄亥俄，再到宾西法尼亚，吸引了近万名的观众。也许，我们这次美国之行仅仅是一次很平常的文

第十六课
京剧走进美国校园

化交流活动,但我们把京剧带入了每个观众的心中,因为我们把它当作了一门可以普及的艺术课程,教给了观看京剧的美国新生代。

经过反复商讨,双方最后终于达成了一致的看法。活动不拘泥于单一的演出形式,除了在剧场,还要走进学生,走进课堂,以感性的方法展示京剧。初到康奈尔大学,我们的排练吸引来很多学生,不少人拥在剧场入口处观望。

演出的前几天,我们去临近的康奈尔大学的一所高中讲课,学生们都显出了极大的兴趣。在讲课的过程中,不断有校方的老师提醒有课的同学不要忘记了上课的时间,但学生们显然对京剧迷恋的要命,都不愿离去,而这又为我们的正式演出打下了一个良好的基础。两天的演出票尽售一空。

(据刘锐《京剧走进美国校园》,《京剧》)

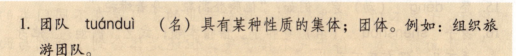

1. 团队 tuánduì (名)具有某种性质的集体;团体。例如:组织旅游团队。
2. 主演 zhǔyǎn (名)担任主演工作的人。例如:"他在该电影里担当主演。"
3. 誉 yù (动)称扬,赞美例如:"香港被誉为东方之珠。"
4. 组建 zǔjiàn (动)组织并建立(机构、队伍等)。例如:"他的任务是在短时间内组建起一支民兵队伍。"
5. 介绍 jièshào (动)沟通使双方相识或发生联系。例如:"他善于用详细描述来介绍他的研究。"

6. 突破　tūpò　（动）打破（困难、限制等）。例如："我们必须尽快突破敌军防线。"

7. 模式　móshì　（名）事物的标准样式或使人可以照着做的标准样式。例如："任何事物在运行中有自己的模式。"

8. 承办　chéngbàn　（动）承接经办。例如："这项赛事由可口可乐公司承办。"

9. 透彻　tòuchè　（形）（了解情况、分析事理）详细深入。例如："他分析问题一向很透彻。"

10. 并举　bìngjǔ　（动）不分先后，同时举办。例如："我们提倡工农业并举。"

11. 扮演　bànyǎn　（动）化妆成某种人物出场表演。例如："他在剧中扮演一名记者。"

12. 气概　qìgài　（名）在对待重大问题上表现的态度、举动或气势（专指正直、豪迈的）。例如："中国人民有战胜一切困难的英雄气概。"

13. 神情　shénqíng　（名）面部表露出来的内心活动。例如："她脸上露出愉快的神情。"

14. 活灵活现　huó líng huó xiàn　（成）形容神态生动逼真。例如："汪二娘见他说得这么活灵活现，也就不得不相信了。"

15. 登　dēng　（动）穿。例如："他脚登高靴，身着蟒袍。"

16. 身手　shēnshǒu　（名）身和手。借指本领；武艺。例如："他身手不凡，很有两下子。"

17. 矫健　jiǎojiàn　（形）强壮有力；英勇威武。例如："田径场上，运动员一个个矫健的身子穿梭而过。"

18. 扎实　zhāshi　（形）牢固；结实。例如："他基本功很扎实。"

19. 睿智　ruìzhì　（形）见识卓越，富有远见。例如："他的画像透露出睿智的眼神。"

20. 即兴　jíxìng　（形）对眼前的景物有所感触，临时发生兴致而创作；毫无准备。例如："这首诗是他当时的即兴之作。"

21. 诙谐　huīxié　（形）谈话富于风趣。例如："他像一位智者，说话轻松而又诙谐，仔细品味，你会发现里面又蕴涵丰富的哲理。"

22. 施展　shīzhǎn　（动）发挥；运用。例如："我们应当给她们一个施展才华的机会。"

23. 洋相百出　yángxiàng bǎi chū　（短）出丑；闹大笑话。例如："就他那身功夫上台，必然洋相百出。"

24. 神韵　shényùn　（名）精神韵致（多用于艺术作品）。例如："他不过淡淡几笔，却把这幅山水画点染得很有神韵。"

25. 勾勒　gōulè　（动）用线条描画出轮廓。例如："他擅长用极细的线条勾勒人物轮廓。"

26. 狂妄　kuángwàng　（形）极端自高自大。例如："她从小就被父母宠坏了，以致于养成了这么一种狂妄的性格。"

27. 盛况　shèngkuàng　（名）规模大、场面热烈的情况。例如："周末的刘德华演唱会盛况空前。"

28. 熟识　shúshi　（动）认识某人很久；认识事物很深刻。例如："有几个和我熟识的同学也都去了。"

29. 人声鼎沸　rénshēng dǐngfèi　（成）比喻人多，造成喧嚣、混乱的样子。例如："体育馆内人声鼎沸。"

30. 身段　shēnduàn　（名）女子的身形体态。戏曲演员在舞台上表演的各种舞蹈化的动作。例如："这位贵妇身段优美，姿态怡人。"

31. 伴奏　bànzòu　（动）为歌舞、表演或某种乐器奏乐配合。例如："你跳舞，我为你伴奏。"

32. 勾画　gōuhuà　（动）用线条描画轮廓。例如："大会堂的轮廓从蔚蓝的天空中勾画出来。"

33. 观望　guānwàng　（动）置身事外静观事态发展。例如："他四下观望有没有什么房子可以让他过夜。"

注释

脸谱　指中国传统戏剧里男演员脸部的彩色化妆。它在形式、色彩和类型上有一定的格式。内行的观众从脸谱上就可以分辨出这个角色是英雄还是坏人，聪明还是愚蠢，受人爱戴还是使人厌恶。京剧脸谱色彩十分讲究，不同含义的色彩绘制在不同图案轮廓里，人物就被性格化了。脸谱的常用色彩为：红、黑、白、紫、黄、绿、蓝等。

语言点

（一）近义词辨析

1. 结果　效果

    效果：由某种力量、做法或因素产生的结果，多指好的。例如：
    （1）这种药品的效果很显著。
    （2）这次演出取得了明显的效果。

    结果：在一定阶段，事物发展所达到的最后状态。例如：
    （1）优良的成绩，是你努力的结果。
    （2）争论下来，结果是我错了。

2. 连续　陆续

    连续：一个接一个。例如：
    （1）他连续不断地坐了十个小时。
    （2）这个班级连续三次得到了表扬。

陆续：副词，表示先先后后，时断时续。例如：
(1) 来宾陆续走出了大厅。
(2) 春天到了，各种花儿陆续都开了。

（二）为

1. 介词，表示行为的对象。例如：
   (1) 为你高兴。
   (2) 为人民服务。
   (3) 希望能够为学生们了解东方艺术作出一些努力。

2. 表示目的。例如：
   (1) 为大家的健康干杯。
   (2) 为建设祖国而奋斗。
   (3) 这又为我们的正式演出打下了一个良好的基础。

（三）也许

副词，表示不很肯定。例如：
(1) 你仔细找一找，也许能找到。
(2) 也许，我们这次美国之行仅仅是一次很平常的文化交流活动，但我们把京剧带入了每个观众的心中，因为我们把它当作了一门可以普及的艺术课程，教给了观看京剧的美国新生代。

（四）仅仅

副词，表示限于某个范围，义同"只"，表强调。例如：
(1) 仅仅几次旅行，他就爱上了中国的南方小城。
(2) 我的钱也仅仅够我花。

练习

一、熟读并抄写下列词语

接触　　透彻　　效果　　　气概　　陆续　　诙谐
祝贺　　风情　　盛况　　　拘泥　　观望　　迷恋
与众不同　　世界各地　　　意想不到　　　活灵活现
笨手笨脚　　心高气盛　　　神通广大　　　洋相百出

二、解释下列句子中的加点词语

1. 从2002年始，格法已经连续三年到美国、新加坡、马来西亚进行讲学和演出。

2. 结果在演出过程中收到了意想不到的效果。

3. 格法扮演的孙悟空头戴金花帽，玉带围腰，脚登高靴，身着蟒袍，手舞足蹈，一派猴王气概，好不威风。

4. 中国戏曲学院的几位学生陆续登场，他们的表演准确到位，身手矫健，各自展示了扎实的戏曲武功。

5. 台下的近千名外国观众被他们的表演深深吸引，而格法睿智、即兴的英语念白又把大家逗得哈哈大笑。

6. 不少学生和观众在演出结束后来到后台，追逐着演员们要求签字留念。

7. 学生们都是舞蹈专业的，可是在不同门类的训练方法面前，还是累得上气不接下气，但体会到了京剧与西方艺术的不同之处，都流露出满足的神情。

8. 格法用英语把京剧的行当、表演的身段、伴奏的音乐，向孩子们进行了讲解和展示。

9. 这种深入到学生中间言传身教式的讲学，激起了学生们的好奇心，尤其是看到五色的油彩一笔笔地在脸上勾画出京剧脸谱，还亲手去触摸和敲响京剧的伴奏乐器，让全场的孩子们为之疯狂。

10. 也许，我们这次美国之行仅仅是一次很平常的文化交流活动，但我

第十六课 京剧走进美国校园

们把京剧带入了每个观众的心中，因为我们把它当作了一门可以普及的艺术课程，教给了观看京剧的美国新生代。

三、根据课文内容选词填空

勾勒　围　戴　获　登　逗　舞　着　吸引　蹈　笑

扮演的孙悟空头_____金花帽，玉带_____腰，脚_____高靴，身蟒袍，手_____足_____，一派猴王气概，好不威风。……台下的近千名外国观众被他们的表演深深_____，而格法睿智、即兴的英语念白又把大家_____得哈哈大_____。格法极具神韵的表演为观众_____出了一个武艺高强、狂妄自大却又喜欢调皮的猴王形象，演出_____得了巨大的成功。

四、选择适当词语填空

详细　　透彻

1. 他把整个会议计划从联系场地、发请柬到记录纸、茶水都_____地列了出来。
2. 从这个英文单词的字面意思，隐含意到其文化象征意味，他都了解地非常_____，因而运用自如。

接触　　触摸

3. 我们应该多跟群众_____。
4. 他的脚受伤了，一_____就疼痛。

效果　　结果

5. 这种药品的治疗_____很好。
6. 讨论下来，并没有什么_____。

陆续　　连续

7. _____下了三天雨，路上到处都是积水。
8. 游客们_____上了火车。

五、运用下列句子中的加点结构造句

1. 也许，我们这次美国之行仅仅是一次很平常的文化交流活动，但我们把京剧带入了每个观众的心中。

2. 演出那天，观众有近千人之多，这在人口稀少的朴茨茅斯也可以算得上是一次盛况了。

3. 面对貌似凶恶的巨灵神、笨手笨脚的罗睺、心高气盛的小哪吒，神通广大的孙悟空不急不躁，施展浑身的本领，使他们洋相百出，狼狈而逃。

4. （虽然）学生们都是舞蹈专业的，可是在不同门类的训练方法面前，还是累得上气不接下气，但体会到了京剧与西方艺术的不同之处，都流露出满足的神情。

5. 活动不拘泥于单一的演出形式。

6. 格法极具神韵的表演为观众勾勒出了一个武艺高强、狂妄自大却又喜欢调皮的猴王形象。

六、根据课文内容，选择正确答案

1. 这次美国巡演突破了以往两三人的组队模式，开始了有规模的兵团作战。（　　）

    A. 这次美国巡演仍是以两三人的组队模式进行的

    B. 这次，剧团为了美国巡演派出一个兵团

    C. 这次美国巡演派出的剧团在演职人员构成上比较完备

2. 演出那天，观众有近千人之多，这在人口稀少的朴茨茅斯也可以算得上是一次盛况了。（　　）

    A. 朴茨茅斯人口不过千人

    B. 朴茨茅斯很少有演出

    C. 一场演出若有近千人的观众，便可算得上是盛况了

    D. 在朴茨茅斯举行的演出很少有观众达近千人的

3. 下列词语中，哪一项中的"行"与"行当"中的"行"读音相同？
（　　）

　　A. 行走　　　B. 旅行　　　C. 行家　　　D. 行动

4. 下列选项中，哪一个与"睿智"不属于同一词性？（　　）

　　A. 诙谐　　　B. 神韵　　　C. 矫健　　　D. 狂妄

5. 格法极具神韵的表演为观众勾勒出了一个武艺高强、狂妄自大却又喜欢调皮的猴王形象。下列选项中，哪一项与句中加点词意义相同？（　　）

　　A. 勾画　　　B. 勾通　　　C. 勾结　　　D. 勾销

七、根据课文回答问题

1. 格法为什么要组建剧团？
2. 为什么说格法的表演极具神韵？
3. 格法扮演的猴王形象是什么？
4. 孙悟空具有哪些精神？
5. 教西方孩子京剧的基本动作有什么意义？

八、请以"京剧走进美国校园"为题复述课文

九、作文：运用下列词语，写一个小故事（字数要求：150字以上）

　　头戴，脚登，身着，表演，展示，扎实，观众，吸引，哈哈大笑，成功，祝贺，签名……

十、阅读这段短文，了解京剧《天女散花》的故事

　　此剧又名《天女宫》，由梅兰芳1937年取材于佛经《维摩诘经》的故事加以编演。剧情大致是释迦因维摩居士在毗耶离大城现身，并生病，命文殊师利率众菩萨弟子前往问候，又命天女去散花。天女离开众香国，遍历大千一回。

初演时，梅兰芳扮天女，李寿山扮如来佛，李寿峰扮维摩诘，高庆奎扮文殊，李敬山扮和沿，姚玉芙扮花神。梅亲自设计两根长长的绸子舞，尤其"云路"、"散花"两场相当精彩。1919年他第一次去日本访问演出，大受赞扬与欢迎，日本人誉为"梅舞"。这里梅大师充分发挥了绶舞的艺术，也是对京剧的一大贡献。故为梅派戏的保留剧目之一。

副课文

京剧表演艺术家—梅兰芳

彤 云

梅兰芳，名澜，又名鹤鸣，字畹华、浣华，艺名兰芳。江苏泰州人，1894年生于北京。他出生于京剧世家，8岁就开始学戏，10岁登台在北京广和楼演出《天仙配》，工花旦，1908年搭喜连成班，1911年北京各界举行京剧演员评选活动，张贴菊榜，梅兰芳名列第三名探花。1913年他首次到上海演出，在四马路大新路口丹桂第一台演出了《彩楼配》、《玉堂春》、《穆柯寨》等戏，初来上海就风靡了整个江南。

回京后，梅兰芳继续排演新戏《嫦娥奔月》、《春香闹学》、《黛玉葬花》等。1916年第三次到上海，连唱45天，1918年后，移居上海，这是他戏剧艺术炉火纯青的顶峰时代，多次在天蟾舞台演出。综合了青衣、花旦、刀马旦的表演方式，创造了醇厚流丽的唱腔，形成独具一格的梅派。1915 年，梅兰芳大量排演新剧目，在京剧唱腔、念白、舞蹈、音乐、服装上均进行了独树一帜的艺术创新，被称为京剧大师。

1919 年 4 月，梅兰芳应日本东京帝国剧场之邀赴日本演出，演出了《天女散花》、《玉簪记》等戏。1927 年北京《顺天时报》举办中国首届旦角名伶评选，梅兰芳因功底深厚、嗓音圆润、扮相秀美，与程砚秋、荀慧生、尚小云被誉为京剧四大名旦。

1930 年春，梅兰芳率团赴美，在纽约、芝家哥、旧金山、洛杉矶等市献演京剧，获得巨大的成功。报纸评论称中国戏不是写实的真，而是艺术的真，是一种有规矩的表演法，比生活的真更深切。

1931 年 "九·一八" 事变后，梅兰芳迁居上海，他排演《抗金兵》、《生死恨》等剧，宣扬爱国主义。抗战胜利后，梅兰芳在上海复出，常演昆曲，1948 年拍摄了彩色片《生死恨》，是中国拍摄成的第一部彩色戏曲片。

1959 年 5 月他在北京演出《穆桂英挂帅》，作为国庆十周年献礼节目。1961 年 8 月 8 日在北京去世。代表剧目有《贵妃醉酒》、《天女散花》、《宇宙锋》、《打渔杀家》等，先后培养、教授学生 100 多人。

梅兰芳先生是中国表演艺术的象征，是我国人民的骄傲。

（图片来源：梅兰芳纪念馆；文字提供：泰州梅兰芳纪念馆，有改动）

（一）解释加点词语

1. 梅兰芳，名澜，又名鹤鸣，字畹华、浣华，艺名兰芳。
2. 江苏泰州人，1894 年生于北京，他出生于京剧世家，8 岁就开始学戏。
3. 1911 年北京各界举行京剧演员评选活动，张贴菊榜，梅兰芳名列第三名探花。
4. 1913 年他首次到上海演出，在四马路大新路口丹桂第一台演出了《彩楼配》、《玉堂春》、《穆柯寨》等戏，初来上海就风靡了整个江南。
5. 1915 年，梅兰芳大量排演新剧目，在京剧唱腔、念白、舞蹈、音乐、服装上均进行了独树一帜的艺术创新，被称为梅派大师。

6. 1927年北京《顺天时报》举办中国首届旦角名伶评选，梅兰芳因功底深厚、嗓音圆润、扮相秀美，与程砚秋、尚小云等被举为京剧四大名旦。

7. 1959年5月他在北京演出《穆桂英挂帅》，作为国庆十周年献礼节目。

8. 梅兰芳先生是中国表演艺术的象征，是我国人民的骄傲。

（二）回答问题

1. 梅兰芳是何时何地成名的？
2. 梅兰芳的代表作品有哪些？
3. 京剧四大名旦指哪些人？
4. 梅兰芳代表了京剧哪个流派？
5. 你认为京剧最吸引你的是什么？

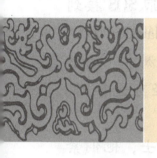

第十七课 国际 SOS 救援 随时待命出发

国际 SOS 救援中心 1985 年创立于巴黎，目前在全球 60 多个国家和地区设有分支机构。在国际红十字会的帮助下，该中心 1989 年进入中国，目前已在香港、北京、上海、广州等城市设有 24 小时报警中心，同时配有一架专用救援飞机。

对于大多数中国人来说，SOS 仅是危机时刻的求救信号，对这个国际性救援机构本身则知之甚少。这些救援人员来自哪里？他们会体验到什么样的生活？国际 SOS 上海机构工作者的故事，也许能够回答这些问题。

隋涛是一位现场急救医生，他说："每个月至少有一半时间，我要乘飞机去一个我未去过的地方工作。"

这句话最好地说明了一名国际 SOS 救援医生的工作方式——一个月前，隋涛还是国际 SOS 北京分部的急救医生。他刚刚飞到南非去抢救一位在那里发病的山东人，经过几十个小时飞行，他们将病人从开普敦平安地转运回济南。两周前他调到上海，就又随 SOS "空中救护车"飞往青海无人区，去救援在那里受了重伤的志愿者。

这位救援医生从首都医科大学毕业后当了两年临床医，8 年前进入国际 SOS 北京分部，成为这个拥有近 4000 名专业救援医生的全球救援机构中的一员。

隋涛第一次参与救援工作是在1998年夏天。在西藏北部某地，一名德国籍地质工作者严重摔伤，生命垂危。北京SOS接到消息后，当天下午即出动了"空中救护车"。它由Hawker800XP型喷气机改造而成，长1559米，宽7米，机内拥有亚洲唯一的全套ICU空中急救设备。以北京为中心，它的急救半径可达韩国、日本、蒙古和新加坡。

隋涛回忆说，当时机上就只有两名医生和一名护士，他们紧张地讨论着救援方案，并每隔几分钟与地面联系一次。他说："飞机掠过青藏高原时，可以看见舷舱外开满鲜花的草地，要是平时，我会放松地欣赏这些美景，但当时的气氛相当紧张。"

糟糕的是，"空中救护车"一降落，还没开始抢救病人，急救医生们倒先出现了高原反应。他们发现，这位伤员头颅和肩臂均受了重伤，需要立即手术，于是强忍着高原反应迅速将伤者转移到机舱中的ICU，并紧急飞返北京。

"在SOS工作的确刺激，跨越千山万水去抢救一个人的生命，这与在医院当一名临床医生的体验完全不同。但后来，你会发现这个工作十分辛苦。"隋涛说，"这个工作是对自己极大的挑战，因为在特殊环境下，你很可能必须身兼麻醉科医生、外科医生和特殊护理员。"

黑田隆太是一位转运协调员。"以前，我转运的是物体。现在，我每天转运的是有情感、会说话的'东西'。"黑田隆太努力地用汉语概括自己在国际SOS的工作。

空中转运是国际SOS救援的一个重要内容，即从海外将病人或伤员转运到医疗条件好的地方或是他们的母语国家。

这位去年才来到上海的日本籍国际SOS转运协调员，此前曾在新加坡的DHL公司做过很长时间的国际物流工作。后来，他加入了新加坡国际SOS救援中心，去年印度洋海啸发生后，他曾受

第十七课
国际SOS救援随时待命出发

命前往斯里兰卡进行救援。

采访的第二天恰好是印度洋海啸发生一周年，对一年前的情景黑田记忆犹新。

他用不太熟练的汉语描述说："当时SOS首先到达斯里兰卡海边的一个灾难现场，那里一片狼藉，树木横七竖八地倒在地上，房屋大多数已经倒塌。地上到处都是伤员，即使有些没有受伤的幸运者，也大多情绪紊乱。"

"看到我们工作服上的SOS字样，他们都急切地打听一件事——怎样才能立即离开那里。"黑田告诉记者，"我们的工作就是将重伤者转移进我们的飞机，我同时也负责给一些不会说英语的受伤日本人作翻译。"SOS救援人员先将伤员集合起来，再根据他们的具体伤情和国籍，将他们分批送回祖国。

黑田去年来到上海，他说很喜欢这个城市，也很喜欢中国。不过，在国际SOS工作十分忙碌，每天24小时都要开着手机，"因为每天都会有人发生意外。"黑田开玩笑说，"我已经30多岁了，还没结婚，在东京的父母都很着急呢。"接着，他又笑着说："怎么结啊，我每天碰到的都是病人或是受到伤害的人，我得先安慰他们。"

（据赵岚《国际SOS救援随时待命出发》，《外滩画报》总第164期）

生词

1. 救援 jiùyuán （动）拯救援助，援救。例如："登山队员遭遇雪崩，现在需要紧急救援。"
2. 分支 fēnzhī （名）从总体或一个系统中分出的部分。例如："黄埔区交警支队是上海交警总队的分支机构。"
3. 机构 jīgòu （名）多指机关、团体或其他工作单位。例如："这个机构已经撤销了。"
4. 报警 bào jǐng （离）报告危急情况。例如："一遇紧急情况，记得立即报警。"
5. 专用 zhuānyòng （形）专供某种需要或某个人使用。例如："这个房间是员工专用。"
6. 本身 běnshēn （名）自己；自身。例如："这是系统本身的差错，谁都怪不了。"
7. 体验 tǐyàn （动）在实践中认识事物；亲身经历。例如："很多事情只有亲身体验才会明白，书本知识并不够用。"
8. 现场 xiànchǎng （名）事件或行动发生的地点。例如：事故现场；地震现场。
9. 临床 línchuáng （名）医学上称医生给病人诊断和治疗疾病。临床医生：从事临床研究或实践的医生、心理学家或精神病学家。例如："小王大学毕业后成了一名临床医生，7年的临床实践让他积累了丰富的经验。"
10. 拥有 yōngyǒu （动）占有；持有。例如："他拥有的财产不计其数。"
11. 垂危 chuíwēi （动）（人、民族、国家）接近死亡。例如："由于中暑又没来得及抢救，老人生命垂危。"
12. 放松 fàngsōng （动）控制或注意力由紧变松而松弛。例如："一天劳累后应该放松一下。"

13. 降落　jiàngluò　（动）从天而降；落下。例如："在寒冷的夜幕降落时，他沿着大路走来。"
14. 高原　gāoyuán　（名）海拔较高、地形起伏较小的大块平地。例如："青藏高原海拔4000至5000米。"
15. 刺激　cìjī　（动）使人激动，使人精神上受到挫折或打击。例如："这件事对他刺激很大。"
16. 跨越　kuàyuè　（动）跨过；越过；超越某个界限。例如："科学是跨越国界的。"
17. 挑战　tiǎozhàn　（动）故意激怒敌人，使出战；鼓动对方跟自己竞赛。例如："班组之间互相挑战应战。"
18. 协调　xiétiáo　（动）使配合得当。例如："作为秘书，小张的工作是负责协调各部门的工作。"
19. 概括　gàikuò　（动）归纳，总括。把事物的共同特点归结在一起加以简明地叙述，扼要重述。例如："剧本内容太长，请概括一下主要情节。"

语言点

（一）于

介词，用于书面。

1. 用于动词后，表示处所、来源、时间、目标、对象等。例如：

（1）国际SOS救援中心1985年创立于巴黎，目前在全球60多个国家和地区设有分支机构。

（2）黄河发源于青海。

（3）中华人民共和国成立于1949年。

（4）他一生致力于技术创新。

（5）我不大习惯于这种方式。

2. 用于动词前，表示时间、对象、范围。例如：

(1) 来信于昨日收到。

(2) 操之过急，于事无益。

（二）即

1. 副词，就，便。用于书面。例如：

(1) 北京 SOS 接到消息后，当天下午即出动了"空中救护车"。

(2) 这点小错误本来就免不了，只要稍加修改，即可使用。

(3) 一触即发　一拍即合

2. 动词，表示判断，就是。用于书面。例如：

(1) 空中转运是国际 SOS 救援的一个重要内容，即从海外将病人或伤员转运到医疗条件好的地方或是他们的母语国家。

(2) 荷花即莲花。

（三）要是

连词，表示假设，如果。用于口语。例如：

(1) 飞机掠过青藏高原时，可以看见舷舱外开满鲜花的草地，要是平时，我会放松地欣赏这些美景，但当时的气氛相当紧张。

(2) 要是你能来，那该多好呀。

（四）倒（倒是）

副词，表示跟一般情理或事实相反。反而，反倒。例如：

(1) 糟糕的是，"空中救护车"一降落，还没开始抢救病人，急救医生们倒先出现了高原反应。

(2) 妹妹倒比姐姐高。

(3) 你说得倒简单，你试试看。

第十七课
国际SOS救援随时待命出发

练习

一、熟读并抄写下列词语

创立　　报警　　专用　　本身　　体验　　放松
刺激　　跨越　　挑战　　协调　　概括　　忙碌
救援中心　　生命垂危

二、解释下列句子中的加点词语

1. 隋涛是一位现场急救医生。
2. 要是平时，我会放松地欣赏这些美景，但当时的气氛相当紧张。
3. 这个工作是对自己极大的挑战，因为在特殊环境下，你很可能必须身兼麻醉科医生、外科医生和特殊护理员。"
4. 黑田隆太努力地用汉语概括自己在国际SOS的工作。
5. 这位去年才来到上海的日本籍国际SOS转运协调员，此前曾在新加坡的DHL公司做过很长时间的国际物流工作。
6. 因为每天都会有人发生意外。
7. 他们会体验到什么样的生活？
8. 在西藏北部某地，一名德国籍地质工作者严重摔伤，生命垂危。
9. 对于大多数中国人来说，SOS仅是危机时刻的求救信号，对这个国际性救援机构本身则知之甚少。
10. 国际SOS救援中心1985年创立于巴黎，目前在全球60多个国家和地区设有分支机构。

三、根据课文内容选词填空

操　发　掠　移　兼　飞　抢救　待命　欣赏　出动　降落　体验

1. 飞机_____过青藏高原时，可以看见舷舱外开满鲜花的草地，要是平时，我会放松地_____这些美景。
2. 他们_____着不同的语言，为着下一个未知的意外而时刻_____。

3. 隋涛是国际 SOS 北京分部的急救医生。他刚刚飞到南非_____一位在那里_____病的山东人。

四、选择适当的词语填空

刺激　　感激

1. 在 SOS 工作的确_____，跨越千山万水去抢救一个人的生命，这与在医院当一名临床医生的体验完全不同。

2. 病人总是很_____医生。

繁忙　　忙碌　　频繁

3. 黑田工作十分_____，每天 24 小时都要开着手机。

4. 银行的业务每天都很_____。

5. 他们之间的交往十分_____。

体验　　经验

6. 这些救援人员来自哪里？他们会_____到什么样的生活？

7. 他对嫁接果树有丰富的_____。

8. 作家到群众中去_____生活。

9. 这样的事，我从来没_____过。

五、运用下列句子中的加点结构造句

1. 国际 SOS 救援中心 1985 年创立于巴黎，目前在全球 60 多个国家和地区设有分支机构。

2. 在特殊环境下，你很可能必须身兼麻醉科医生、外科医生和特殊护理员。

3. 以前，我转运是物体。现在，我每天转运的是有感情、会说话的'东西'。

4. 要是平时，我会放松地欣赏这些美景，但当时的气氛相当紧张。

5. 对于大多数中国人来说，SOS 仅是危机时刻的求救信号，（但）对于这个国际性救援机构本身则知之甚少。

6. 北京 SOS 接到消息后，当天下午即出动了"空中救护车"。

7. 糟糕的是,"空中救护车"一降落,还没开始抢救病人,急救医生们倒先出现了高原反应。

六、根据课文内容,选择正确答案

1. 以北京为中心,它的急救半径可达韩国、日本、蒙古和新加坡。(   )

   A. 韩国、日本、蒙古和新加坡到北京的距离相同
   B. 国际SOS北京分部的医生有能力去澳大利亚进行急救
   C. 国际SOS北京分部的医生有能力去韩国、日本、蒙古和新加坡进行急救

2. 飞机掠过青藏高原时,可以看见舱舱外开满鲜花的草地,要是平时,我会放松地欣赏这些美景,但当时的气氛相当紧张。(   )

   A. 当SOS的急救飞机飞过青藏高原时,我沉浸、陶醉于窗外的美景
   B. 因为形势紧急,我没有心情欣赏窗外的美景
   C. 当时青藏草原上气氛紧张
   D. 当时飞机上气氛紧张

3. 在SOS工作的确刺激,跨越千山万水去抢救一个人的生命,这与在医院当一名临床医生的体验完全不同。但后来,你会发现这个工作十分辛苦。(   )

   A. 在医院当一名临床医生不刺激
   B. 隋涛开始就知道SOS工作十分辛苦
   C. 在医院当一名临床医生不辛苦
   D. 隋涛不喜欢SOS的工作因为干这个很辛苦

七、根据课文回答问题

1. 国际SOS救援中心于何时、何地创立?
2. 国际SOS的工作人员的主要工作是什么?

3. 国际 SOS 救援中心什么时候进入中国？在中国的发展情况怎样？

4. 隋涛和黑田隆太的例子说明 SOS 工作的工作人员具有什么品质？

5. 如果你是一名医务工作者，你会选择做国际 SOS 的急救人员吗？为什么？

6. 当你处于十分险恶的环境时，你会怎么做？

7. 如何向国际 SOS 救援中心寻求紧急救助？

八、请以"国际 SOS 的工作"为题复述课文

九、作文：运用下列词语，写一个小故事（字数要求：150 字以上）

中心，创立，机构，帮助，求救，医生，急救，平安，生命，安慰……

十、朗读"热爱生命"的名言警句，说说它们的大意

1. 浪费别人的时间是谋财害命，浪费自己的时间是慢性自杀。（列宁）

2. 世界上只有一种英雄主义，那就是了解生命而且热爱生命的人。（罗曼·罗兰）

3. 生命是有限的，但为人民服务是无限的，我要把有限的生命投入到无限的为人民服务之中去。（雷锋）

4. 生命诚可贵，爱情价更高。若为自由故，二者皆可抛。（裴多菲）

5. 人固有一死，或重于泰山，或轻于鸿毛。（司马迁）

6. 人生自古谁无死，留取丹心照汗青。（文天祥）

副课文

国际 SOS 救援中心

国际 SOS 救援中心（International SOS Pte Ltd）的前身——亚洲国际紧急

救援中心（简称：AEA）创建于1985年。1998年7月，AEA全面兼并国际SOS救助公司（International SOS Assistance），创建了世界上第一家国际医疗风险管理公司——国际SOS救援中心（以下简称：SOS）。新的公司延续其前身的服务，独立运作，并以更高的水平和更广泛的内容服务于社团、金融产业、组织以及个人等各类客户。

1985年，AEA通过为公司和个人在亚太地区提供前所未有的紧急医疗救援而打开局面，而国际SOS救助公司则在世界范围内树立了为各类群体提供医疗服务榜样达20年之久。她服务的对象包括个人、旅行团体、自助旅行者以及旅居国外的移民者。SOS的茁壮成长也得益于一些区域性专业服务机构的加入，如在东欧地区救援服务业中处于领先地位的代耳塔咨询服务公司（Delta Consulting）和在中东及非洲地区提供良好服务的医疗救援国际公司（Assistance Medical International）。国际SOS是世界上最大的医疗救援公司，同时她也是全球偏远地区现场医疗服务的最主要提供者。目前有三千七百多名专业人员服务于SOS遍布世界五大洲的报警中心、国际诊所及现场医疗机构。我们可以向客户提供医疗及技术支持，包括医疗服务、健康保健、紧急救援及安全保障服务等。国际SOS救援中心努力为各类人士提供完善的保障，以确保他们每时每刻都可以享受到高质量的医疗、保健、救援和安全服务。

1989年7月国际（SOS）救援中心（以下简称：SOS）的前身——亚洲国际紧急救援中心正式在北京设立了办事处，开始协调处理中国境内的紧急救援事务。1995年1月经卫生部和北京市政府批准，又与北京市红十字会合作建立了具有国际水准的北京国际（SOS）救援中心，为来华的外籍人士提供医疗保健、救援报警、国际联络以及紧急救援服务。自此我们在中国的业务进入了一个迅猛发展的阶段。

在中国，SOS先后在香港、台北、北京、上海、天津、广州和南京开设了分支机构，其中包括24小时紧急救援报警中心、国际诊所和办公室；并同遍布全国所有省市自治区的二百五十余家有实力的、在涉外医疗方面有丰富经验的医院建立起了固定的合作关系，并且成功地携手处理了许多重症病例，使得这些外籍伤病员得到及时有效的救治。

（资料来源：http://www.internationalsos.com.cn）

（一）解释加点词语

1. 国际 SOS 救援中心（International SOS PteLtd）的<u>前身</u>——亚洲国际紧急救援中心（简称：AEA）创建于1985年。

2. 1985年，AEA 通过为公司和个人在亚太地区提供<u>前所未有</u>的紧急医疗救援而<u>打开局面</u>，而国际 SOS 救助公司则在世界范围内树立了为各类群体提供医疗服务<u>榜样</u>达20年之久。

3. SOS 的<u>茁壮</u>成长也<u>得益于</u>一些区域性专业服务机构的加入。

4. 1989年7月国际（SOS）救援中心（以下简称：SOS）的前身——亚洲国际紧急救援中心正式在北京设立了<u>办事处</u>，开始<u>协调</u>处理中国境内的紧急救援事务。

5. 1995年1月经卫生部和北京市政府<u>批准</u>，又与北京市红十字会合作建立了具有国际<u>水准</u>的北京国际（SOS）救援中心，为来华的外籍人士提供医疗保健、救援报警、国际<u>联络</u>以及紧急救援服务。

6. <u>自此</u>我们在中国的业务进入了一个<u>迅猛</u>发展的阶段。

7. 并同<u>遍布</u>全国所有省市自治区的二百五十余家有实力的、在<u>涉外</u>医疗方面有丰富经验的医院建立起了固定的合作关系。

8. 并且成功地<u>携手</u>处理了许多<u>重症</u>病例，使得这些外籍伤病员得到及时有效的救治。

（二）回答问题

1. 国际 SOS 救援中心创建于哪一年？它的中文意思是什么？
2. 国际 SOS 救援中心服务的对象包括哪些人？
3. 国际 SOS 救援中心目前有多少专业人员？
4. 在中国，SOS 先后在哪些地方开设了分支机构？

第十八课　细节产生效益

乔·吉拉德的生日鲜花

我想凡是做营销的人没有不知道乔·吉拉德的，他被认为是"世界上最伟大的推销员"。他是如何成功的呢？

乔·吉拉德认为，卖汽车，人品重于商品。一个成功的汽车销售商，肯定有一颗尊重普通人的爱心。他的爱心体现在他的每一个细小的行为中。

有一天，一位中年妇女从对面的福特汽车销售商行，走进了吉拉德的汽车展销室。她说自己很想买一辆白色的福特车，就像她表姐开的那辆，但是福特车行的经销商让她过一个小时之后再去，所以先过这儿来瞧一瞧。

"夫人，欢迎您来看我的车。"吉拉德微笑着说。妇女兴奋地告诉他："今天是我55岁的生日，想买一辆白色的福特车送给自己作为生日的礼物。""夫人，祝您生日快乐！"吉拉德热情地祝贺道。随后，他轻声地向身边的助手交代了几句。

吉拉德领着夫人从一辆辆新车面前慢慢走过，边看边介绍。在来到一辆雪佛莱车前时，他说："夫人，您对白色情有独钟，瞧这辆双门式轿车，也是白色的。"就在这时，助手走了进来。把一束玫瑰花交给了吉拉德。他把这束漂亮的鲜花送给夫人，再次对她的生日表示祝贺。

那位夫人感动得热泪盈眶，非常激动地说："先生，太感谢您了。已经很久没有人给我送过礼物。刚才那位福特车的推销商看到我开着一辆旧车，一定以为我买不起新车，所以在我提出要看一看车时，他就推辞说需要出去收一笔钱，我只好上您这儿来等他。现在想一想，也不一定非要买福特车不可。"就这样，这位妇女就在吉拉德这儿买了一辆白色的雪佛莱轿车。

正是这种许许多多细小行为，为吉拉德创造了空前的效益，使他的营销取得了辉煌的成功，他被《吉尼斯世界纪录大全》誉为"全世界最伟大的销售商"，创造了12年推销13000多辆汽车的最高纪录。有一年，他曾经卖出汽车1425辆，在同行中传为美谈。

一把椅子的问候

一个阴云密布的午后，由于瞬间的倾盆大雨，行人们纷纷进入就近的店铺躲雨。一位老妇人蹒跚地走进费城百货商店避雨。面对她略显狼狈的姿容和简朴的装束，所有的售货员都对她心不在焉，视而不见。

这时，一个年轻人诚恳地走过来对她说："夫人，我能为您做点儿什么吗？"老妇人莞尔一笑："不用了，我在这儿躲会儿雨，马上就走。"老妇人随即又心神不定了，不买人家的东西，却借用人家的店堂躲雨，似乎不近情理，于是，她开始在百货店里转起来，哪怕买个头发上的小饰物呢，也算给自己的躲雨找个心安理得的理由。

正当她犹豫时，那个小伙子又走过来说："夫人，您不必为难，我给您搬了一把椅子，放在门口，您坐着休息就是了。"两个小时后，雨过天晴，老妇人向那个年轻人道谢，并向他要了张名片，就颤巍巍地走出了商店。

几个月后，费城百货公司的总经理詹姆斯收到一封信，信中要求将这位年轻人派往苏格兰收取一份装潢整个城堡的订单,并让他承包写信人家族所属的几个大公司下一季度办公用品的采购订单。詹姆斯惊喜不已,匆匆一算,这一封信所带来的利益,相当于他们公司两年的利润总和!

他在迅速与写信人取得联系后,方才知道,这封信出自一位老妇人之手,而这位老妇人正是美国亿万富翁"钢铁大王"卡内基的母亲。

詹姆斯马上把这位叫菲利的年轻人推荐到公司董事会上。毫无疑问,当菲利打起行装飞往苏格兰时,他已经成为这家百货公司的合伙人了。那年,菲利22岁。

随后的几年中,菲利以他一贯的忠实和诚恳,成为"钢铁大王"卡内基的左膀右臂,事业扶摇直上、飞黄腾达,成为美国钢铁行业仅次于卡内基的富可敌国的重量级人物。

菲利只用了一把椅子,就轻易地与"钢铁大王"卡内基攀亲附缘、齐肩并举,从此走上了让人梦寐以求的成功之路。

(据汪中求《细节决定成败》,新华出版社,2004年)

生词

1. 营销 yíngxiāo (名)经营销售。例如:"在竞争日益激烈的市场面前,营销业绩的好坏直接关系到企业的存亡。"
2. 展销 zhǎnxiāo (名)以展览的形式销售(多在规定的日期和地点)。例如:"商场三楼正在举办国际知名品牌服装展销会。"
3. 推辞 tuīcí (动)表示拒绝(任命、邀请、馈赠等)。例如:"听到董事会要任命他做总裁,他再三推辞。"

4. 效益　xiàoyì　（名）效果和利益。例如：社会经济效益。

5. 纪录　jìlù　（名）在一定时期、一定范围以内记载下来的最高成绩。例如："每届奥运会都会产生新的世界纪录。"

6. 同行　tóngháng　（名）同行业的人。例如："他俩同行，都是学医的。"

7. 美谈　měitán　（名）使人称颂的故事。例如："两国的友谊一时传为美谈。"

8. 瞬间　shùnjiān　（名）一眨眼的工夫，转瞬之间。例如："船行如箭，瞬间来到近旁。"

9. 蹒跚　pánshān　（形）腿脚不灵便，走起路来摇摇摆摆。例如："一个喝醉酒的驾驶员在他的车周围蹒跚。"

10. 狼狈　lángbèi　（形）形容困苦或受窘的样子。例如："今天外出遇到大雨，弄得狼狈不堪。"

11. 装束　zhuāngshù　（名）穿着、打扮。例如：装束入时；一身打工装束。

12. 心不在焉　xīn bù zài yān　（形）心里不在这里。形容思想不集中。例如："他心不在焉地听他们讲话。"

13. 莞尔　wǎn'ěr　（形）形容微笑的样子，书面语中常用。例如："听了孩子们的想法，他不觉莞尔。"

14. 心安理得　xīn ān lǐ dé　（成）自信事情做得合理，心里很坦然。例如："他做了他能做的事，因而心安理得。"

15. 徘徊　páihuái　（动）在一个地方来回地走；比喻犹豫不决。例如："他独自在江边徘徊。"

16. 承包　chéngbāo　（动）接受工程、订货或其他生产经营活动并负责完成。例如："这个地区的石油勘探工程由壳牌公司承包了下来。"

17. 扶摇直上　fúyáo zhí shàng　（成）形容地位、名声、价值等迅速上升。例如："有了领导的垂青，他扶摇直上，两年工夫就当上了副厂长。"

18. 飞黄腾达　fēihuáng téngdá　（成）比喻管官职、地位上升得很快。例如："他后来的成功，简直可以说是飞黄腾达。"

19. 攀亲　pān qīn　（离）指跟地位高的人结亲戚或拉关系。例如：攀亲道故。
20. 梦寐以求　mèngmèi yǐ qiú　（成）在睡觉做梦时都在寻求，形容心情迫切，强烈追求。例如："这份模特的工作是她从少女时代起就梦寐以求的。"

语言点

（一）非……不

表示一定要这样。"非"后多为动词，也可以用小句或指人的名称。"非"后有时加"得"。后一部分常用"不行"、"不可"、"不成"。例如：
（1）现在想一想，也不一定非要买福特车不可。
（2）要学好一门语言，非下苦功夫不可。

口语中，"不可"等词可以省略，常用于承接上文或反问句中。例如：
（1）不让他去，他非要去！

（二）哪怕

连词，表示假设兼让步。后边多用"都、也、还"等呼应。例如：
（1）哪怕买个头发上的小饰物呢，也算给自己的躲雨找个心安理得的理由。
（2）我们一定要尽力抢救病人，哪怕只有一线希望。
（3）哪怕工作到深夜，他都要抽出点时间学习。

练习

一、熟读并抄写下列词组

营销	推销	销售	展销	经销
祝贺	交待	推辞	蹒跚	狼狈
传为美谈	阴云密布	视而不见	莞尔一笑	心神不定
心安理得	犹豫徘徊	左膀右臂	扶摇直上	富可敌国

二、解释下列句子中的加点词语

1. 他说："夫人，您对白色情有独钟，瞧这辆双门式轿车，也是白色的。"
2. 有一年，他曾经卖出汽车1425辆，在同行中传为美谈。
3. 一位老妇人蹒跚地走进费城百货商店避雨。
4. 随后的几年中，菲利以他一贯的忠实和诚恳，成为"钢铁大王"卡内基的左膀右臂，事业扶摇直上、飞黄腾达，成为美国钢铁行业仅次于卡内基的富可敌国的重量级人物。
5. 面对她略显狼狈的姿容和简朴的装束，所有的售货员都对她心不在焉，视而不见。
6. 从此走上了让人梦寐以求的成功之路。

三、选出与加点词解释相同或相近的选项

1. 有一年，他曾经卖出汽车1425辆，在同行中传为美谈。（　　）

    A. 他们都是学金融的，是同行

    B. 跟他同行的还有两个同学

2. 一个阴云密布的午后。（　　）

    A. 他的脸一下子阴沉下来，刚才还好好的，转眼间阴云密布，真让人捉摸不透

    B. 今天一整天都阴云密布，太阳几乎没有露过脸

3. 随后的几年中，菲利成为美国钢铁行业仅次于卡内基的富可敌国的重量级人物。（　　）

　　A. 敌方的飞机　　　B. 势均力敌　　　C. 寡不敌众

4. 事业扶摇直上、飞黄腾达。（　　）

　　A. 笔直　　　　　　B. 心直口快　　　C. 直升机

四、完成下列短语

1. 用量词填空

一（　　）爱心　　一（　　）妇女　　一（　　）福特车

一（　　）小时　　一（　　）玫瑰花　一（　　）钱

一（　　）信　　　一（　　）订单

2. 用状语填空

（　　）着说　　　（　　）地告诉　　（　　）地祝贺

（　　）地交待　　（　　）地走　　　（　　）地走过来

（　　）着休息　　（　　）地走

3. 模仿"瞧一瞧"、"看一眼"的格式，用动词填空

（1）（　　）一（　　）　　　（　　）一（　　）

　　（　　）一（　　）　　　（　　）一（　　）

（2）（　　）一眼　　　　　　（　　）一下

　　（　　）一声　　　　　　（　　）一句

4. 模仿"推销员"、"售货员"的格式，填空

（　　）员　　（　　）员　　（　　）员　　（　　）员

五、运用下列句子中的加点结构造句

1. 我想凡是做营销的人没有不知道乔·吉拉德的。
2. 正是这种许许多多细小行为，为吉拉德创造了空前的效益，使他的营销取得了辉煌的成功。
3. 他被认为是"世界上最伟大的推销员"。
4. 菲利只用了一把椅子，就轻易地与"钢铁大王"卡内基攀亲附缘、齐肩并举，从此走上了让人梦寐以求的成功之路。
5. 他在迅速与写信人取得联系后，方才知道，这封信出自一位老妇人之手。
6. 当菲利打起行装飞往苏格兰时，他已经成为这家百货公司的合伙人了。

六、用指定词语完成句子

1. 她老伴过世了，＿＿＿＿＿＿＿＿＿＿＿＿＿＿＿＿＿＿＿＿。（从此）
2. 他三年前和他妻子去澳大利亚定居了，＿＿＿＿＿＿＿＿＿＿＿＿＿＿＿＿＿＿＿＿＿＿＿＿＿＿＿＿＿＿＿＿＿＿＿＿＿。（从此）
3. 你把爸爸最喜欢的花瓶打破了，他＿＿＿＿＿＿＿＿＿＿＿＿＿＿＿＿＿＿＿＿＿＿＿＿＿＿＿＿＿＿＿＿＿＿＿＿＿。（非……不可）
4. 要想学好汉语，＿＿＿＿＿＿＿＿＿＿＿＿＿＿＿＿＿＿＿。（非……不可）
5. ＿＿＿＿＿＿＿＿＿＿＿＿＿＿＿＿＿＿＿，也不能灰心。（哪怕）
6. ＿＿＿＿＿＿＿＿＿＿＿＿＿＿＿＿＿＿＿，我也不愿意嫁给他。（哪怕）

七、根据课文回答问题

1. 乔·吉拉德给中年妇女送上生日玫瑰，体现了乔·吉拉德是一个怎样的人？

2. 乔·吉拉德的营销为什么会取得辉煌的成功？他被称为"全世界最伟大的销售商"，伟大在哪里？

3. 售货员为何对来百货商店的老妇人视而不见？

4. 当老妇人徘徊不定时，菲利是怎么做的？

5. 菲利的"一把椅子的问候"为他带来了什么？

6. 有人说"细节决定成败"，对此你有什么看法？

八、请以"细节的重要性"为题复述课文

九、作文：运用下列词语，写一个小故事（字数要求：150字以上）

人品，细节，徘徊，努力，成功……

十、阅读成语故事，说说它的大意

千里送鹅毛

唐朝时候，地方官经常要向皇帝进贡礼物。有个边远地区的地方官，派一个叫缅伯高的人去进贡天鹅。

缅伯高在路上走了好多天，天鹅的羽毛都脏了。缅伯高来到沔阳湖，打开笼子，让天鹅去洗洗澡。天鹅展开翅膀飞了，只留下几根羽毛。缅伯高急得在湖边哭了一场。他冷静下来想了想，捡了一根羽毛，带到长安去。

缅伯高跟着各地的使臣去朝拜皇帝，看着使臣们一个个向皇帝献上名贵的礼品。轮到缅伯高时，他奉上一根洁白的羽毛。

缅伯高唱道："贡献唐朝，山高路又遥，沔阳湖失去，倒地哭号号……礼轻人意重，千里送鹅毛。"

唐朝皇帝说他聪明，还赏给他礼物。成语"千里送鹅毛"由此而来。

副课文

悠闲欧洲人

到过西欧的中国人,都觉得欧州人活得悠闲。双休日加几个长假期,一年下来,只剩一半时间干活了。所以欧洲人给我们留下的印象是:在湖边垂钓、在海边晒太阳,或是驾车兜风、户外体育……不知道时间怎样打发,这些都令我们羡煞。不过,人家悠闲也就罢了,令人们不服气的是,凭什么还要比我们富强呢?

记得中国有个文人上世纪20年代到欧洲一游,惊奇于欧洲人的懒散,嗟叹上帝不公,竟将最肥美的一块土地让与懒洋人。更推断,以吾国民众之辛勤,不日,文明之灯将点亮于东方。不幸的是,历史并没有改写,我们仍在加班加点。

出于生意上的原因,我有许多机会深入接触欧洲人、到欧洲实地体察。我发现国人与西方人很大的区别在于:人家注重计划,而我们喜欢随意。欧洲人每样工作都事先安排得有条不紊,不少人都在日记本上将每一天要干的事都排上,有些日子甚至是以小时计算的。

我们却是"想到哪儿算哪儿,做到哪儿算哪儿",很难清楚下个月的某一天将会干什么。许多人根本就没有日记本。

欧洲人可能会给你一个电话或传真,告知大半年后的某月某日上午将会造访贵公司。我们不大当真或者根本就忘记了,但他真的会如约出现,让你吃惊。如果我们接到中国人类似的电话,只会当对方傻帽儿,挂上电话就把这事忘了。当然对方也不大可能如约出现。我们从来不把"预约"太当回事。欧洲社会都支持这种"预约"行为。横贯整个欧洲大陆的火车票,如果提前半年预订,可半价甚至三折。而在中国就很难接受这种远期预约,不单没有折扣,还不知道该把你的预约放在电脑的哪个硬盘上。几天内的来回机票是近几年才有的事情,至于远期预约的来回机票、火车票,好像还未听说过。

欧洲人不喜欢拿手机,因为手机不是用作计划,而是用作随机应变的。他们任何事情都已成竹于心,不大会有什么改变;我们如果没有手机在身,真有点儿难受。

因为我们不清楚谁会找自己，自己会找谁。所以永远是一种 Standby 的状态，计划随 Call 随变，人也可能随 Call 随到。所以欧洲人干活看似慢条斯理却总能落到实处，而我们看似风风火火却时时扑空。

其中的道理在于：悠闲的背后是秩序，忙碌的背后是随意。

（据张澍生《悠闲欧洲人》，《财经时报》2005 年 6 月 25 日）

（一）解释加点词语

1. 到过西欧的中国人，都觉得欧州人活得悠闲。
2. 在湖边垂钓，在海边晒太阳，或是驾车兜风。
3. 人家注重计划，而我们喜欢随意。
4. 欧洲人可能会给你一个电话或传真，告知大半年后的某月某日上午将会造访贵公司。
5. 而在中国就很难接受这种远期预约，不单没有折扣，还不知道该把你的预约放在电脑的哪个硬盘上。
6. 所以欧洲人干活看似慢条斯理却总能落到实处，而我们看似风风火火却时时扑空。

（二）回答问题

1. 欧洲人的生活和中国人的生活有什么不同？
2. 这篇短文体现了作者什么态度？
3. 有关中外交流和文化差异你还知道哪些？
4. 你喜欢哪一种生活方式？

生词总表

A

爱抚	6
安顿	1
熬煎	2

B

罢了	12
斑点	8
扮演	16
伴奏	16
包头	16
保安	7
保温瓶	8
报警	17
背	1
辈	7
被套	4
本身	17
避免	13
避邪	2
编辑	6
匾额	9
变卖	5
并举	16
不顾	1
不过	5
不懈	3
堡	9
补贴	5
不可思议	1
步行	12

C

苍白	4
刺激	17
馋	3
场面	7
撤换	3
沉默	4
沉重	8
趁	8
嗔怪	3
盛	2
承办	16
承包	18
惩罚	6
城区	15
程序	1
成员	12
痴呆	1
吃惊	7
重庆市	6
冲	8
仇恨	15
出名	12
触动	6
传说	11
喘	3
床单	4
创意	10
垂危	17
窜	3
错落	9

D

| 打吊针 | 1 |

打量 …………… 3	**E**	高档 …………… 5
打击 …………… 1	恶心 …………… 8	高原 …………… 17
大致 …………… 2		格局 …………… 9
待遇 …………… 6	**F**	公安 …………… 7
当 …………… 15	发呆 …………… 5	功课 …………… 1
当 …………… 9	发抖 …………… 11	恭敬 …………… 1
当真 …………… 12	发迹 …………… 9	公民 …………… 7
捣乱 …………… 15	发育 …………… 6	功能 …………… 13
倒霉 …………… 15	番 …………… 6	工艺品 …………… 10
倒 …………… 7	繁殖 …………… 13	勾画 …………… 16
倒库 …………… 7	反 …………… 15	勾勒 …………… 16
道教 …………… 12	放松 …………… 17	构思 …………… 9
得意 …………… 2	飞黄腾达 …………… 18	顾客 …………… 10
登 …………… 16	肺炎 …………… 1	寡妇 …………… 13
等级 …………… 9	分支 …………… 17	乖乖 …………… 5
蒂 …………… 3	风采 …………… 9	拐仗 …………… 13
地步 …………… 1	否决 …………… 5	观望 …………… 16
地主 …………… 11	幅度 …………… 3	罐 …………… 8
颠来倒去 …………… 1	符合 …………… 9	光顾 …………… 5
垫 …………… 3	扶摇直上 …………… 18	过敏 …………… 8
电子 …………… 7	抚摸 …………… 3	过世 …………… 2
调换 …………… 5	附 …………… 2	
盯 …………… 7		**H**
抖 …………… 4	**G**	含义 …………… 3
独自 …………… 6	概括 …………… 17	韩愈 …………… 12
对联 …………… 9	赶 …………… 6	行长 …………… 15
躲藏 …………… 15	感慨 …………… 1	好奇 …………… 7
顿 …………… 2	感受 …………… 5、6	合格 …………… 7
炖 …………… 8		和谐 …………… 10

喝彩 …… 10	将军 …… 7	开设 …… 7
花哨 …… 2	讲台 …… 8	开心 …… 5
怀 …… 8	降落 …… 17	考卷 …… 15
怀疑 …… 7	匠心 …… 9	磕头 …… 2
患者 …… 14	焦急 …… 4	可见 …… 12
黄连 …… 4	矫健 …… 16	渴望 …… 3
晃晃悠悠 …… 1	教授 …… 7	课表 …… 15
活灵活现 …… 16	接济 …… 5	跨越 …… 17
活埋 …… 15	截 …… 4	款式 …… 5
诙谐 …… 16	结识 …… 2	狂妄 …… 16
浑然 …… 9	桔梗 …… 4	馈赠 …… 10
	介绍 …… 16	
J	尽力 …… 5	**L**
	惊奇 …… 7	
机构 …… 17	经商 …… 9	褴褛 …… 11
急匆匆 …… 11	晶莹 …… 11	狼狈 …… 18
集市 …… 3	竟 …… 3	劳碌 …… 1
即兴 …… 16	敬佩 …… 7	乐 …… 3
纪录 …… 18	静悄悄 …… 1	乐此不疲 …… 5
技能 …… 13	窘迫 …… 14	乐趣 …… 2
家伙 …… 6	舅 …… 12	类似 …… 6
家境 …… 11	救援 …… 17	冷静 …… 7
架子 …… 7	距 …… 11	黎明 …… 12
肩膀 …… 8	捐赠 …… 14	理睬 …… 4
监考 …… 15	绝望 …… 4	利息 …… 11
坚韧 …… 13	军官 …… 7	利用 …… 10
捡拾 …… 4		联姻 …… 13
溅 …… 4	**K**	脸庞 …… 14
健全 …… 6		脸色 …… 6
僵 …… 11	开发 …… 13	料子 …… 5

拎 ……………… 8	**N**	起劲 …………… 8
临床 …………… 17	喃喃 …………… 1	企盼 ………… 10
灵感 …………… 2	闹 ………… 6、15	乞求 …………… 3
溜 ……………… 8	捏 ……………… 4	气氛 …………… 2
流传 ………… 12	浓郁 ………… 10	气概 ………… 16
留神 ………… 15		器官 ………… 14
搂 ……………… 6	**O**	器量 …………… 5
露面 ………… 15	偶尔 …………… 6	气味 …………… 4
	呕吐 …………… 1	签字 …………… 7
M		呛 ……………… 4
忙碌 ………… 11	**P**	巧妙 ………… 13
毛驴 ………… 12	拍摄 …………… 9	亲 ……………… 6
眉 ……………… 8	徘徊 ………… 18	亲属 ………… 14
美谈 ………… 18	蹒跚 ………… 18	青睐 ………… 10
梦寐以求 …… 18	攀亲 ………… 18	轻易 ………… 13
梦想 …………… 4	泡 ……………… 8	全面 ………… 12
迷糊 …………… 1	培育 ………… 13	确切 ………… 12
弥漫 …………… 4	喷 ……………… 2	
觅 …………… 11	披露 ………… 14	**R**
蜂蜜 …………… 4	疲惫 …………… 1	嚷 ……………… 1
苗圃 …………… 4	偏僻 …………… 4	忍 ……………… 8
明代 ………… 12	瞥见 ………… 14	人声鼎沸 …… 16
名单 ………… 12	频繁 ………… 13	如愿以偿 …… 3
名次 ………… 12		如此 …………… 6
名气 ………… 12	**Q**	睿智 ………… 16
摸着 ………… 15	漆 ……………… 8	
模式 ………… 16	奇迹 ………… 11	**S**
末 …………… 15	奇特 …………… 4	扫墓 …………… 1
		善良 ………… 11

设想 …… 13	**T**	**X**
身段 …… 16		吸取 …… 7
身份 …… 7	摊 …… 4	西藏 …… 15
身手 …… 16	探测 …… 13	习俗 …… 10
神灵 …… 2	唐 …… 12	戏剧 …… 12
神经 …… 7	躺 …… 1	仙 …… 12
神奇 …… 13	腾 …… 5	纤细 …… 4
神气 …… 5	提取 …… 13	现场 …… 17
神情 …… 16	体验 …… 17	陷入 …… 4
神通 …… 12	天意 …… 2	镶嵌 …… 9
神仙 …… 11	挑战 …… 3、17	相声 …… 15
神韵 …… 16	天分 …… 14	效果 …… 1
生理 …… 6	贴 …… 6	笑眯眯 …… 7
生平 …… 4	听取 …… 2	效益 …… 18
盛产 …… 11	同行 …… 18	协调 …… 7、17
盛况 …… 16	头头儿 …… 12	谐音 …… 10
施展 …… 16	透彻 …… 16	心安理得 …… 18
视察 …… 2	透露 …… 9	心不在焉 …… 18
嗜好 …… 14	突破 …… 16	新生 …… 14
世纪 …… 9	途径 …… 6	心事 …… 6
视觉 …… 1	团队 …… 16	心思 …… 7
收藏 …… 10	推辞 …… 4	信号 …… 13
熟识 …… 16		性能 …… 13
术语 …… 11		性情 …… 14
说 …… 15	**W**	宣传 …… 10
睡眠 …… 6	莞尔 …… 18	悬挂 …… 9
瞬间 …… 18	位于 …… 8	凶 …… 8
硕大 …… 1	闻名 …… 11	悬殊 …… 5
诉说 …… 4	呜 …… 8	寻 …… 2
所谓 …… 14		

巡视 …… 3	犹豫 …… 3	智力 …… 6
	诱人 …… 3	质地 …… 11
Y	誉 …… 16	指望 …… 3
	玉皇大帝 …… 12	终生 …… 4
腌 …… 4	冤 …… 15	粥 …… 11
严肃 …… 3	元代 …… 12	皱 …… 8
眼巴巴 …… 3		主演 …… 16
眼看 …… 12	**Z**	祝福 …… 10
眼眶 …… 8		拽 …… 4
厌食 …… 14	杂活 …… 4	专用 …… 17
谚语 …… 12	再说 …… 6	转悠 …… 2
洋相百出 …… 16	赞叹 …… 7	桩 …… 7
痒 …… 8	遭（量）…… 1	装束 …… 18
衣冠 …… 5	遭（动）…… 6	壮观 …… 9
衣着 …… 2	造成 …… 6	追求 …… 9
一刹那 …… 1	责备 …… 12	着手 …… 13
遗物 …… 14	贼 …… 12	灼热 …… 14
遗像 …… 1	扎实 …… 16	滋润 …… 5
移植 …… 14	展销 …… 18	自如 …… 14
以便 …… 12	长相 …… 2	自然 …… 12
一干二净 …… 8	掌声 …… 7	自信 …… 6
抑制 …… 8	招聘 …… 3	自言自语 …… 1
引起 …… 7	折 …… 2	总体 …… 9
印象 …… 10	诊断 …… 14	走廊 …… 4
婴 …… 6	挣扎 …… 1	揍 …… 8
营销 …… 18	整洁 …… 4	组建 …… 16
拥有 …… 17	蜘蛛 …… 13	阻力 …… 6
甬道 …… 9	值钱 …… 12	祖母 …… 12
忧虑 …… 3	执意 …… 1	最终 …… 6
幽静 …… 4	侄子 …… 12	座右铭 …… 3

声 明

对于本教材所使用的受著作权法保护的材料,尽管本社已经尽了合理的努力去获得使用许可,但由于缺少某些著作权人的联系方式,仍有个别材料未能获得著作权人的许可。为满足课堂教学之急需,我们在个别材料未获得许可的情况下出版了本教材,并按照国家相关标准将稿酬先行列支。我们对此深表歉意,并请各位著作权人在看到本教材及本声明后尽快与我们联系,我们将立即奉上稿酬及样书。

地　　址:北京市海淀区成府路205号北京大学出版社205室
邮　　编:100871
电　　话:010-62753374

北京大学出版社
2008年11月